Logeswari Shanmugam
Premalatha Kandhasamy

Indexação baseada em conceitos para a agregação de documentos médicos

Logeswari Shanmugam
Premalatha Kandhasamy

Indexação baseada em conceitos para a agregação de documentos médicos

ScienciaScripts

Imprint

Any brand names and product names mentioned in this book are subject to trademark, brand or patent protection and are trademarks or registered trademarks of their respective holders. The use of brand names, product names, common names, trade names, product descriptions etc. even without a particular marking in this work is in no way to be construed to mean that such names may be regarded as unrestricted in respect of trademark and brand protection legislation and could thus be used by anyone.

Cover image: www.ingimage.com

This book is a translation from the original published under ISBN 978-620-2-07241-0.

Publisher:
Sciencia Scripts
is a trademark of
Dodo Books Indian Ocean Ltd. and OmniScriptum S.R.L publishing group

120 High Road, East Finchley, London, N2 9ED, United Kingdom
Str. Armeneasca 28/1, office 1, Chisinau MD-2012, Republic of Moldova, Europe
Printed at: see last page
ISBN: 978-620-7-78118-8

ÍNDICE

RESUMO

O enorme volume de textos biomédicos nos repositórios em linha constitui uma fonte rica de conhecimentos para a investigação biomédica. A extração de textos permite aos investigadores extrair informações e conhecimentos a partir de uma pilha de textos e é agora amplamente aplicada na investigação biomédica. Os resultados da extração de textos são obtidos com informações ruidosas e falsos positivos a partir de textos em linguagem natural. Isto deve-se às ambiguidades causadas pela semântica, sintaxe, escassez de palavras-chave específicas da classe e elevada dimensionalidade. Nas investigações recentes, foram desenvolvidos muitos métodos para facilitar a descoberta de tendências e padrões em documentos médicos. A literatura mostra que o conhecimento do domínio é utilizado durante o processo de extração para aumentar a eficiência e a qualidade dos padrões extraídos.

A elevada dimensionalidade da linguagem natural torna os dados de texto bastante ruidosos e esparsos no modelo de espaço vetorial. Existe a possibilidade de a extração poder conduzir a resultados imprecisos em clusters se a entrada tiver informação ruidosa. Assim, o pré-processamento de dados e a seleção de características são práticas importantes para a extração de texto. A transformação de um documento de texto não estruturado numa representação Bag-of-Words (BOW) é a compaixão da indexação de documentos.

A indexação tradicional baseada em termos sofre de questões semânticas relacionadas com os problemas de sinonímia e polissemia. Assim, os métodos baseados em termos não são adequados para agrupar os documentos médicos que envolvem uma semântica complexa. Para resolver estes problemas, é proposta uma indexação baseada em conceitos para a agregação de documentos médicos, utilizando a ontologia Medical Subject Headings (MeSH) como referência de domínio. A indexação baseada em conceitos está envolvida na identificação de palavras-chave semanticamente relacionadas com a consulta de pesquisa, que é reconhecida através do mapeamento de conceitos com a ontologia MeSH. Os problemas de sinonímia são tratados considerando as relações semânticas, nomeadamente identidade, sinonímia, hiperonímia e meronímia. Os problemas de polissemia são tratados através do mapeamento de conceitos com a ontologia de domínio.

No cálculo do peso do conceito, a identidade e a sinonímia são consideradas com o peso máximo do que os hiperligações e os merónimos. Aos merónimos são atribuídos pesos mais elevados do que aos hiperónimos devido à relação parte-todo com o termo de pesquisa. A importância dos conceitos individuais num documento é representada através de um peso do conceito. O peso do conceito é calculado com a informação sobre a frequência das palavras individuais no documento e o peso atribuído a essa palavra específica em relação à consulta de pesquisa.

LISTA DE SÍMBOLOS E ABREVIATURAS

BOW	-	Bag of Word
DBI	-	Davies – Bouldin Index
FN	-	False Negatives
FP	-	False Positives
FMI	-	Fowlkes-Mallows Index
FCM	-	Fuzzy C-means
idf	-	Inverse Document Frequency
δ	-	idf factor for term
IR	-	Information Retrieval
IRS	-	Information Retrieval System
LSI	-	Latent Semantic Indexing
MC	-	Maximum Capturing
MeSH	-	Medical Subject Headings
MPC	-	Modified Partition Coefficient
NLP	-	Natural Language Processing
PC	-	Partition Coefficient
POS	-	Part-of-Speech
STD	-	Suffix Tree Document
SVD	-	Singular Value Decomposition
tf	-	Term frequency
γ	-	Translation Coefficient
TP	-	True Positives
UMLS	-	Unified Medical Language System
VSM	-	Vector Space Model
WSD	-	Word Sense Disambiguation

CAPÍTULO 1

INTRODUÇÃO

Nos últimos anos, com a expansão maciça da sociedade da informação, a Web tornou-se uma fonte preciosa de informação para quase todos os domínios potenciais do conhecimento. Este facto levou a que muitos investigadores começassem a considerar a Web como um repositório legítimo para tarefas de recuperação de informação (RI) e de aquisição de conhecimentos. A Web é constituída por uma enorme quantidade de informação relativa a todos os domínios possíveis e a sua elevada redundância pode ser uma fonte de conhecimento válida para o cálculo de semelhanças. Por conseguinte, os sistemas de extração de texto deparam-se com uma enorme quantidade de atributos. A descoberta de conhecimentos em sistemas de bases de dados exige que os textos de entrada sejam representados como um conjunto de atributos para poderem ser tratados. O método de representação do texto é conhecido por indexação de textos ou documentos e os atributos são designados por índices. A indexação torna-se uma tarefa crítica na extração de texto porque tem de representar a informação no texto com o mínimo de perda de semântica para a sua utilização futura.

1.1 RECUPERAÇÃO DE INFORMAÇÃO

A RI é relevante para a representação, a técnica de pesquisa e a manipulação de grandes colecções de textos electrónicos e outros dados em linguagem humana. O objetivo da RI é fornecer aos utilizadores os documentos que satisfazem as suas necessidades de informação. As etapas envolvidas na recuperação de documentos são a indexação de documentos, a preparação de consultas, as representações de documentos e as representações de consultas. Os documentos que correspondem à representação da consulta são recuperados pelo sistema de RI. Os itens relevantes são seleccionados pelos utilizadores com base nos seus interesses. A qualidade da indexação é melhorada pelo conhecimento derivado da extração de características, que é utilizado para distinguir os documentos relevantes dos irrelevantes.

Os passos gerais envolvidos no processo de IR estão representados na Figura 1.1. A consulta de pesquisa, sob a forma de uma palavra-chave ou termo, é dada como entrada ao indexador. Para recuperar mais documentos relacionados com a consulta de pesquisa, o indexador é responsável pelo pré-processamento dos documentos que são recuperados do corpus documental. O pré-processamento envolve passos como a tokenização, a remoção de palavras de paragem e o stemming. Após o pré-processamento, o indexador constrói uma matriz termo-documento para recodificar a frequência de ocorrências de palavras individuais em cada documento. Em seguida, os documentos são classificados com base na semelhança entre os termos da consulta e os documentos. Os documentos são ordenados com base nestas pontuações e os documentos mais pertinentes são apresentados aos utilizadores.

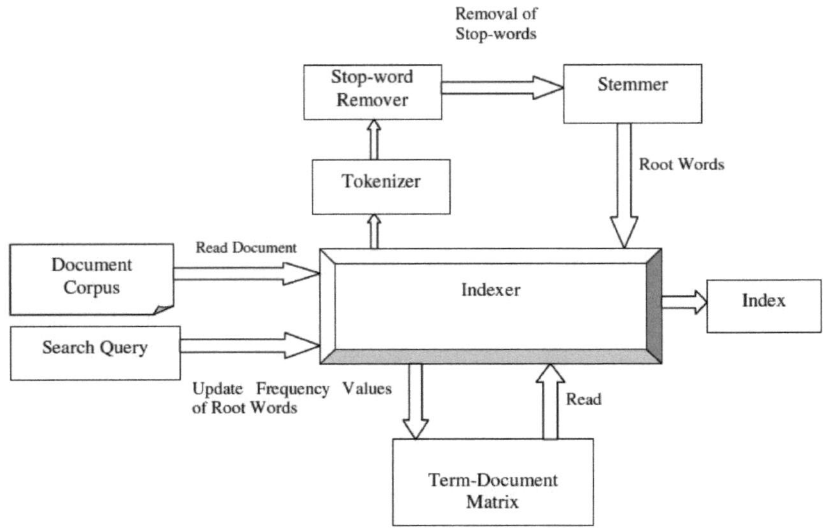

Figura 1.1 Etapas gerais envolvidas no processo de RI

1.2 INDEXAÇÃO

A indexação de documentos é uma prática dominante para auxiliar a recuperação subsequente de documentos de repositórios que contêm milhares de documentos. Trata-se de um método de identificação de palavras-chave para caraterizar um documento com base no seu conteúdo. É uma fase muito importante do Sistema de Recuperação de Informação (SRI) para construir uma unidade pesquisável para uma determinada consulta. Basicamente, a indexação é completada atribuindo a cada documento palavras-chave ou termos descritivos que representam o documento (Adriani & Croft 1997). Os termos atribuídos devem refletir o conteúdo do documento para permitir uma pesquisa eficaz por palavras-chave.

Os sistemas de pesquisa tradicionais enfrentam um grande desafio no processamento de documentos de texto e consultas porque não conseguem identificar e representar a semântica subjacente. A indexação é uma das estratégias utilizadas em sistemas de pesquisa eficazes que visam representar o conteúdo semântico dos documentos. Os IRS tradicionais são utilizados com a conhecida técnica de representação Bag-of-Words (BOW), que expressa o facto de tanto os documentos como as consultas serem representados como sacos de entidades lexicais, nomeadamente palavras-chave. Uma palavra-chave pode ser uma palavra simples ou palavras compostas.

No IRS, os termos do índice são geralmente ponderados de acordo com a sua importância para a descrição dos documentos e, normalmente, os esquemas de ponderação baseiam-se na deteção de frequências de palavras na coleção de documentos (Buell & Kraft 1981). Os métodos de ponderação de termos existentes contêm três factores: a frequência do termo *(tf)*, a frequência inversa do documento *(idf)* e o fator de normalização do termo. O peso final do termo é calculado como o produto destes três factores (Jin et al 2005).

O esquema de ponderação é geralmente baseado em variações da conhecida fórmula *tf-idf* (Salton & Buckley 1988; Boubekeur & Azzoug 2013). Os documentos são agrupados em clusters com base na semelhança que existe entre os documentos e a consulta de pesquisa. A hipótese subjacente à indexação é que a semântica dos documentos e as necessidades do utilizador podem ser expressas com precisão através de conjuntos de termos de índice. As palavras-chave são extraídas diretamente do texto do documento ou especificadas por um sujeito humano (por exemplo, etiquetas e comentários). A intenção de armazenar um índice é otimizar a velocidade e o desempenho na procura de documentos pertinentes para uma consulta de pesquisa (Gyorodi et al 2006; Umajancy & Thanamani 2013).

1.3 PRÉ-PROCESSAMENTO DE DOCUMENTOS

O processo de indexação consiste em três etapas básicas: definição da fonte de dados, transformação do conteúdo do documento para gerar uma vista lógica e construção de um índice do texto na vista lógica. O pré-processamento envolve a tokenização, a remoção de palavras de paragem, a etiquetagem Part-of-Speech (POS) e a ponderação.

1.3.1 Tokenização

A tokenização é a prática de separar as frases em palavras, frases, símbolos ou outros elementos significativos, denominados tokens, que são agrupados como uma unidade semântica e utilizados como entrada para processamento posterior, como análise ou extração de texto (Salton & McGill 1983; Sebastiani 2002; Hammouda & Kamel 2004). Ajuda a reduzir a pesquisa de forma significativa e reduz os espaços de armazenamento necessários para armazenar tokens identificados a partir de documentos de entrada (Wong et al 1985).

1.3.2 Remoção de palavras de paragem

A remoção de stop-words é o método de filtragem de termos mais utilizado no agrupamento de documentos. O principal objetivo desta fase é eliminar palavras que são inúteis em IR; estas palavras inglesas são conhecidas como stop-words (Baeza-Yates & Ribeiro-Neto 1999). Reduz o tamanho do ficheiro de indexação. Também melhora a eficiência global e torna eficaz a recuperação de resultados.

1.3.3 Cálculo do peso

As palavras de um texto contêm um poder descritivo diverso; por conseguinte, os termos de índice podem ser ponderados de forma diferente para ter em conta a sua importância num documento e/ou numa coleção de documentos. A frequência de ocorrências de termos é considerada como uma medida básica na maioria das técnicas existentes para medir a importância das palavras num documento. O esquema de ponderação de termos *tf-idf* é um dos métodos mais utilizados para atribuir pesos a cada termo, de modo a representar a importância dos termos num documento (Robertson et al 1980; Salton & Buckley 1988).

1.4 ABORDAGENS EXISTENTES PARA A INDEXAÇÃO

A indexação é utilizada durante a fase de pré-processamento para substituir uma coleção de documentos por uma série de termos de indexação. Os termos de indexação podem ser extraídos diretamente do documento ou gerados indiretamente através da utilização de algoritmos mais complexos (Barresi et al 2008). As técnicas de indexação existentes são variadas com base em: (i) diferentes formas de considerar o que é um termo e (ii) diferentes formas de calcular a importância de um termo em relação a documentos específicos (Barresi et al 2008; Sebastiani 2002).

1.4.1 Abordagens baseadas em termos

A abordagem BOW é uma das representações mais utilizadas dos documentos que faz uso de palavras-chave (Laxman & Sujatha 2013). Estas abordagens envolvem basicamente a extração de um conjunto de palavras-chave (termos) de um documento para formar a sua representação vetorial. A importância de cada termo num documento de texto é representada pelos seus pesos, que são calculados com base na frequência dos termos correspondentes no documento (Pipanmaekaporn & Li 2012).

1.4.2 Abordagens baseadas em frases

Os métodos baseados em termos deparam-se frequentemente com problemas difíceis, como a dimensionalidade muito elevada dos dados de texto e o significado incerto das palavras. Os conceitos são frequentemente expressos em frases. A eficácia das frases sugere que as palavras não são provavelmente as melhores características para descrever os tópicos de um texto. Na literatura existente, as frases são utilizadas para indexação em vez de palavras, uma vez que são mais discriminatórias e mais semânticas do que as palavras isoladas (Sharma & Raman 2003; Hammouda & Kamel 2004). A técnica de n-grama é adoptada para extrair frases dos documentos na abordagem de indexação baseada em frases. O modelo Suffix Tree Document (STD) e o Document Index Graph são as estruturas de dados adequadas para a representação de documentos em abordagens baseadas em frases (Zu et al 2005; Momin et al 2006). A vantagem da indexação baseada em frases é que ela pode transmitir informações de contexto local, o que é essencial para determinar uma similaridade precisa entre documentos (Chim & Deng 2008; Yang et al 2011; Jain & Maheshwari 2013).

1.4.3 Abordagens baseadas em conceitos

De um modo geral, os documentos de texto são uma fonte de informação não estruturada que não pode ser processada pelas técnicas tradicionais de extração de dados. A desambiguação do sentido da palavra (Word Sense Disambiguation - WSD) é um problema aberto de processamento da linguagem natural destinado a resolver ambiguidades lexicais, identificando o significado correto de uma palavra com base no seu contexto (Plaza et al 2011). As técnicas de extração de informação são utilizadas para extrair dados estruturados ou conhecimentos de textos não estruturados, identificando referências a entidades nomeadas, bem como relações declaradas entre entidades. As entidades semânticas, os conceitos, são utilizadas para representar os documentos de texto em vez das entidades lexicais, as palavras-chave na indexação baseada em conceitos (Boubekeur et al 2010). Estas abordagens dependem principalmente da extração de conceitos de recursos linguísticos, como dicionários legíveis por máquina, thesaurus e ontologias, a fim de identificar o sentido adequado (conceito) de uma palavra num contexto específico (Chen & Chang 1998; Gomez et al 2004).

1.5 MEDIDAS DE SEMELHANÇA E MEDIDAS DE DISTÂNCIA

A seleção de uma medida de semelhança precisa é também fundamental para a análise de agrupamentos, em especial para um tipo específico de algoritmos de agrupamento (Huang 2008; Lin et al 2013). Um conjunto de medidas de semelhança ou de distância tem sido amplamente praticado, como a semelhança de cosseno, o coeficiente de correlação de Pearson e o coeficiente de correlação de Jaccard. Medidas como a distância euclidiana e a entropia relativa são utilizadas para calcular as distâncias entre pares na maioria dos algoritmos de agrupamento tradicionais.

1.5.1 Distância Euclidiana

A medida de distância mais comummente utilizada no agrupamento de texto é a distância euclidiana. A medida de distância por defeito utilizada com o algoritmo K-Means é a distância euclidiana. A distância euclidiana entre dois documentos x e y com um número m de dimensões é definida como

$$d(x,y) = \sqrt{\sum_{i=1}^{m}(x_i - y_i)^2} \tag{1.1}$$

1.5.2 Correlação de Pearson

A correlação de Pearson determina a conformidade de dois conjuntos de dados numa linha reta. A correlação está sempre no intervalo de -1 a 1. A relação linear positiva (negativa) perfeita entre x e y é representada como uma correlação com 1 (-1). O valor 0 indica que não existe uma relação linear entre os atributos dos dois objectos de dados. A correlação de Pearson é definida pela seguinte equação (1.2), em que x e y representam dois objectos de dados.

$$corr(x,y) = \frac{covariance(x,y)}{standard\_deviation(x) \times standard\_deviation(y)} \tag{1.2}$$

1.6 ALGORITMOS DE AGRUPAMENTO

O principal objetivo da análise de clusters é criar uma separação do conjunto de dados em grupos harmonizados, denominados clusters. Os objectos de dados são agrupados em vários clusters com base na hipótese de cluster que especifica que os objectos mais semelhantes são mantidos no mesmo cluster, enquanto os objectos de dados atribuídos a diferentes clusters devem diferir significativamente.

Nas abordagens baseadas em texto, as palavras ou, por vezes, as frases do documento são consideradas na formação do agrupamento. Os algoritmos de agrupamento de texto são classificados como agrupamento nítido (ou duro) e agrupamento difuso (ou suave) com base na forma como os algoritmos estão a lidar com a incerteza relativa ao problema da sobreposição nos agrupamentos. Na agregação rígida, segue-se uma partição rigorosa, segundo a qual os documentos serão colocados num agrupamento ou não. No agrupamento difuso, o documento pode ser colocado em mais do que um agrupamento. Os algoritmos de agrupamento mais comuns são o K-Means e os algoritmos hierárquicos.

1.6.1 Algoritmos de agrupamento parcial

Nas abordagens de agrupamento particional de documentos, a coleção de documentos é dividida num número predefinido de clusters disjuntos. Os algoritmos de agrupamento particional utilizam uma matriz de vectores de características e geram os agrupamentos através da otimização de uma função de critério. As funções de critério podem ser categorias internas ou externas.

O K-Means é um dos algoritmos de agrupamento particional mais utilizados. O principal objetivo do algoritmo K-Means é particionar o conjunto de dados de entrada D contendo n objectos em K clusters. O centro de cada cluster é representado pelo valor médio dos objectos no cluster (Han et al 2012).

1. Escolha arbitrariamente k objectos de D como centros de agrupamento iniciais;

2. Repetir

3. (re)atribuir cada objeto ao agrupamento ao qual o objeto é mais semelhante, com base no valor médio dos objectos no agrupamento;

4. Atualizar as médias dos clusters, ou seja, calcular o valor médio dos objectos para cada cluster;

5. Até não haver alterações;

1.6.2 Algoritmos de agrupamento hierárquico

Os algoritmos de agrupamento hierárquico tentam criar uma árvore de agrupamentos através do agrupamento de objectos de dados (Han et al 2012). Os algoritmos de agrupamento hierárquico são ainda classificados como

• **A abordagem aglomerativa** é um método ascendente que começa com um único objeto e os objectos são fundidos com base na semelhança entre clusters até que todos os objectos estejam num único cluster ou até que determinadas condições de terminação sejam satisfeitas.

• **A abordagem por divisão** é um método descendente que começa com um grande agrupamento na fase inicial. Em seguida, os objectos de dados são separados em clusters mais pequenos de acordo com a semelhança entre os objectos. O procedimento de separação continua até que cada objeto de dados pertença a um único cluster.

As etapas do algoritmo típico da abordagem aglomerativa hierárquica são as seguintes (Oikonomakou & Vazirgiannis 2005):

1. Atribuir cada documento a um único cluster

2. Calcular a semelhança entre todos os pares de clusters e armazenar o resultado numa matriz de semelhança, na qual a *ij-ésima* entrada armazena a semelhança entre o i^{th} e o j^{th} cluster

3. Unir os dois clusters mais semelhantes (mais próximos)

4. Atualizar a matriz de similaridade com a similaridade entre o novo cluster e os clusters originais

5. Repetir os passos 3 e 4 até restar apenas um cluster ou até ser atingido um limiar

Na abordagem hierárquica aglomerativa, são utilizados os métodos de ligação única, ligação completa e centróide para avaliar a indexação de conceitos baseada em ontologias proposta e o agrupamento tradicional baseado em termos (Manning et al 2008; Teknomo 2009; Han et al 2012). As medidas amplamente utilizadas são as seguintes, em que $|p - p'|$ é a distância entre dois objectos ou pontos , p e p' ; é o centróide do agrupamento, C_i ; e m_j é o centróide do agrupamento, C_j.

• Num método de ligação simples, a distância entre os dois clusters é a distância mínima entre qualquer ponto de dados único no primeiro cluster e qualquer ponto de dados único no segundo cluster (Saini & Kaur 2014).

$$d_{min}(C_i, C_j) = \min_{p \in C_i, p' \in C_j} |p - p'| \qquad (1.3)$$

• Na ligação completa, os clusters individuais são combinados para formar um único cluster, considerando a distância entre dois clusters como a distância máxima entre qualquer ponto de dados único no primeiro cluster e qualquer ponto de dados único no segundo cluster.

$$d_{max}(C_i, C_j) = \max_{p \in C_i, p' \in C_j} |p - p'| \qquad (1.4)$$

• No método do centróide, a distância entre dois clusters é a distância entre os dois vectores médios dos clusters. Em cada fase do processo, são combinados os dois clusters que têm a distância centroide mais pequena.

$$d(C_i, C_j) = |m_i - m_j| \tag{1.5}$$

1.6.3 Algoritmo de agrupamento Fuzzy C-means

O Fuzzy C-Means (FCM) é um dos algoritmos de agrupamento mais utilizados, que permite que um dado esteja em mais do que um agrupamento (Bezdek et al 1984, Trappey et al 2009). O valor de associação é calculado para cada ponto de dados em relação a todos os centros de agrupamento com base na distância euclidiana entre o ponto de dados e o centro do agrupamento. Os documentos são atribuídos a cada cluster utilizando valores de associação difusos. Estes valores de associação são utilizados para indicar a força da associação entre esse elemento de dados e um determinado agrupamento. O intervalo dos valores de associação varia entre 0 e 1. Os valores mais próximos de 1 indicam que o ponto de dados está estreitamente associado a esse agrupamento. Claramente, a soma dos valores de associação de cada ponto de dados deve ser igual a um. O algoritmo FCM foi concebido para minimizar a seguinte função objetivo, que é calculada utilizando a equação (1.6)

$$J_m = \sum_{i=1}^{N} \sum_{j=1}^{C} u_{ij}^{m} \left\| x_i - c_j \right\|^{2}, 1 \leq m \leq \infty \tag{1.6}$$

em que m (o expoente de imprecisão) é qualquer número real superior a 1, N é o número de pontos de dados, C é o número de clusters, u_{ij} é o grau de afiliação de x_i no cluster j, x_i é o i^{th} de dados medidos de dimensão d, c_j é o centro de dimensão d do cluster e $\|*\|$ é a distância euclidiana que exprime a semelhança entre qualquer dado medido e o centro. O particionamento difuso é efectuado através de uma otimização iterativa da função objetivo apresentada acima, com a atualização da associação u_{ij} e dos centros de agrupamento c_j pelas Equações (1.7) e (1.8).

$$u_{ij} = \cfrac{1}{\sum_{k=1}^{C} \left(\cfrac{\left\| x_i - c_j \right\|}{\left\| x_i - c_k \right\|} \right)^{\frac{2}{m-1}}} \tag{1.7}$$

Em que $\| x_i - c_j \|$ é a distância do ponto i ao atual centro de agrupamento j, $\| x_i - c_k \|$ é a distância do ponto i a outros centros de agrupamento k.

$$c_j = \frac{\sum_{i=1}^{N} u_{ij}^{m} \cdot x_i}{\sum_{i=1}^{N} u_{ij}^{m}} \tag{1.8}$$

A iteração pára quando $max_{ij}\{|u_{ij}^{(k+1)} - u_{ij}^{(k)}|\} < \varepsilon$, em que ε é um critério de terminação entre 0 e 1, enquanto k é o número de passos da iteração. Este procedimento converge para um mínimo local ou um ponto de sela j_m .

O algoritmo é composto pelas seguintes etapas:

1. Inicializar a matriz $U=[u_{ij}]$, $U^{(0)}$

2. Na etapa k: calcular os vectores de centros $C^{(k)} =[c_j]$ com

$$U^{(k)} \; c_j = \frac{\sum_{i=1}^{N} u_{ij}^{m} \cdot x_i}{\sum_{i=1}^{N} u_{ij}^{m}}$$

3. atualizar $U^{(k)}$, $U^{(k+1)}$

$$u_{ij} = \frac{1}{\sum_{k=1}^{C}\left(\frac{\|x_i - c_j\|}{\|x_i - c_k\|}\right)^{\frac{2}{m-1}}}$$

4. Se $\| U^{(k+1)} - U^{(k)} \| < \varepsilon$, então STOP; caso contrário, passar à etapa 2.

1.7 DECLARAÇÃO DO PROBLEMA

As abordagens tradicionais baseadas no léxico não conseguem resolver eficazmente os problemas de incompatibilidade de palavras ou de ambiguidade no agrupamento de documentos. A fraca eficiência das abordagens não convencionais de expansão da consulta e de deteção do contexto local deve-se ao ruído criado pelo grande número de termos expandidos nos documentos. Os diferentes factores que afectam a eficiência do sistema de RI biomédico, incluindo a ponderação dos termos, a expansão das consultas e os modelos de expansão dos documentos, são discutidos por Dinh et al (2013). Várias técnicas alargam a análise baseada no léxico, incorporando a indexação semântica latente, mas produzem resultados de agrupamento menos compreensíveis e um desempenho questionável. A técnica de representação e agrupamento de documentos baseada em conceitos é mais eficaz do que as técnicas que utilizam características de documentos baseadas no léxico e pode gerar resultados de agrupamento mais compreensíveis.

Os principais desafios enfrentados pelos algoritmos de agrupamento baseados em termos/frases são

- Questões semânticas relacionadas com problemas de sinonímia e polissemia na BOW tradicional

• O processo de agrupamento torna-se demasiado lento devido à elevada dimensionalidade dos documentos de texto não estruturados

• A representação de frases com N-gramas é afetada pela baixa frequência de ocorrência e pode representar menos propriedades estatísticas das palavras

- O WSD é um problema aberto de Processamento de Linguagem Natural (PLN) destinado a resolver ambiguidades lexicais, identificando o significado correto de uma palavra com base no seu contexto

- A extração de conceitos necessita de conhecimento do domínio para melhorar o desempenho do agrupamento

- A agregação de documentos médicos torna-se demasiado difícil devido à ambiguidade e inconsistência no domínio

Para lidar com os desafios acima mencionados, este trabalho de investigação aplica um método de extração de conceitos baseado em ontologias. A qualidade dos agrupamentos pode ser melhorada através do processo de indexação envolvido na fase de pré-processamento do agrupamento. Utiliza a ontologia MeSH como referência de domínio para indexar os documentos médicos. Os conceitos ocultos e as relações semânticas são extraídos dos documentos utilizando o mapeamento da ontologia. As relações importantes consideradas para a identificação do conceito são a identidade, o sinónimo, o hiperónimo e o merónimo. O peso do conceito é calculado utilizando as relações semânticas existentes entre os termos nos documentos.

1.8 MOTIVAÇÃO

A MEDLINE constitui um importante ponto de entrada para a investigação biomédica para os biólogos (Hersh 2008). O tratamento do domínio biomédico é complexo devido à natureza ambígua das suas terminologias. O custo da indexação manual dos documentos biomédicos é elevado; por isso, foram envidados muitos esforços no sentido de oferecer uma indexação automática. A base de dados MEDLINE fornece a ontologia MeSH para artigos de investigação biomédica. As representações baseadas no MeSH abrangem o conteúdo concetual de artigos inteiros. A sua representação tem-se mostrado consistente em diferentes indexadores (Funk & Reid 1983). Assim, a representação de documentos com base no MeSH é mais atractiva para a RI. Os descritores Mesh não são apenas suficientes para extrair informação dos documentos PubMed. A ponderação das características ou dos termos é uma parte importante do processo de IRS. A ponderação exacta dos termos pode melhorar significativamente o processo de procura de termos de índice. A quantidade de influência do termo na representação do documento reflecte-se no peso do termo. Assim, é proposta uma indexação baseada em conceitos para a agregação de documentos biomédicos com a ponderação de conceitos, que é calculada utilizando a frequência e a ponderação da relação semântica.

1.9 OBJECTIVOS

A elevada dimensionalidade do texto em linguagem natural torna os dados de texto bastante ruidosos e esparsos no espaço vetorial. Assim, o pré-processamento de dados e a seleção de características são processos importantes para as questões de processamento de texto. As ontologias seleccionam os termos significativos semanticamente associados aos conceitos de um documento para reduzir a dimensionalidade do texto original. O principal objetivo deste trabalho de investigação é melhorar o desempenho do processo de agrupamento, propondo esquemas de indexação baseados em conceitos. Os principais objectivos deste trabalho de investigação são:

- Resolver os problemas devidos às características semânticas dos documentos de texto, como a sinonímia e a polissemia, explorando os índices dos conceitos reconhecidos utilizando a indexação baseada em conceitos

1.10 DATASETS

O agrupamento de documentos exige um procedimento de pré-processamento para traduzir os valores de dados não estruturados em valores estruturados. Os documentos de entrada são elementos de dados de elevada dimensionalidade. Durante a fase de pré-processamento, a remoção de stop-word é aplicada após o processo de tokenização para efetuar a redução da dimensionalidade. O método de indexação baseado em conceitos proposto é avaliado e comparado com a abordagem tradicional baseada em termos, utilizando dois conjuntos de dados biomédicos recolhidos do PubMed, que é uma interface Web de documentos Medline. Os resumos dos manuscritos são recolhidos da PubMed sobre dez doenças diferentes. As descrições dos conjuntos de dados são apresentadas no Quadro 1.1.

Tabela 1.1 Descrições do conjunto de dados

Conjunto	Doença	Número de documentos
Conjunto de dados 1	Neoplasias,	100
	Doenças virais	100
	Doenças cardiovasculares	100
	Infeção ocular	100

	Doenças respiratórias	100
Conjunto de dados 2	Gota	450
	Icterícia	300
	Enxaqueca	350
	Otite	500
	Varicela	400

1.11 METODOLOGIA DE AVALIAÇÃO

A qualidade do agrupamento é avaliada através de cinco medidas: índice de silhueta (Chen et al 2002, Rousseeuw 1987), índice de Fowlkes-Mallows (FMI), índice de Bezdek, índice de validade de Dave e índice de Davies-Bouldin (DBI) (Davies & Bouldin 1979; Dimitriadou et al 2002).

Índice de validade da silhueta: É um índice composto que reflecte a compacidade e a separação dos clusters. Um índice de silhueta médio mais elevado indica uma melhor qualidade global do resultado da agregação. Para calcular a largura das silhuetas de i^{th} ponto de dados S_i, é utilizada a seguinte fórmula:

$$S_i = \frac{b_i - a_i}{max(a_i, b_i)} \tag{1.9}$$

em que a_i é a dissimilaridade média do ponto de dados i^{th} em relação a todos os outros pontos do mesmo agrupamento; b_i é o mínimo da dissimilaridade média do ponto de dados i^{th} em relação a todos os pontos de dados de outro agrupamento. Um valor de S_i próximo de 1 indica que o ponto de dados é atribuído a um cluster muito adequado. Se S_i for próximo de zero, significa que esse ponto de dados pode ser atribuído a outro cluster mais próximo.

Índice de Fowlkes-Mallows (FMI): O índice de Fowlkes-Mallows calcula a semelhança entre os clusters obtidos pelo algoritmo de agrupamento. Quanto mais elevado for o valor do FMI, mais semelhantes são os clusters. Pode ser calculado utilizando a seguinte fórmula.

$$FMI = \sqrt{\frac{TP}{TP + FP} \frac{TP}{TP + FN}} \tag{1.10}$$

em que TP é o número de verdadeiros positivos, FP é o número de falsos positivos e FN é o número de falsos negativos.

Índice de Bezdek: Bezdek propôs um índice chamado índice de Bezdek ou coeficiente de partição (PC) para validar o desempenho do algoritmo FCM. É calculado como a soma dos produtos internos de todos os valôres de associação atribuídos a cada ponto da matriz de saída U. O seu valor varia entre [$1/c$, 1]. Se o valor deste índice for mais elevado, então o resultado é mais exato. O índice é definido como:

$$PC = \frac{1}{n}\sum_{i=1}^{c}\sum_{j=1}^{n} u_{ij}^2 \tag{1.11}$$

onde n é o número de pontos no conjunto de dados e c é o número de clusters.

Índice de validade de Dave: Dave's definiu a medida de validade denominada índice de Dave ou Coeficiente de Partição Modificado (MPC) como:

$$MPC = 1 - \frac{c}{c-1}(1 - PC) \tag{1.12}$$

O índice de Dave varia normalmente entre 0 e 1. Se o valor do índice for mais elevado, então o resultado é mais exato.

Índice de Davies -Bouldin (DBI): O DBI é a medida fuzzy amplamente utilizada para avaliar os resultados de agrupamento. Pode ser calculado utilizando a Equação (1.13).

$$DBI = \frac{1}{c}\sum_{i=1,i\neq j}^{c} max\left(\frac{\sigma_i + \sigma_j}{d(c_i, c_j)}\right) \tag{1.13}$$

Onde c é o número de clusters; σ_i é a distância média de todas as amostras no cluster i ao centro do cluster c_i ; σ_j é a distância média de todas as amostras no cluster j ao centro do cluster c_j e d $(c_i$, c_j) é a distância dos centros dos clusters c_i e c_j . O algoritmo que produz uma coleção de clusters com o menor DBI é considerado o melhor algoritmo.

CAPÍTULO 2

REVISÃO DA LITERATURA

A análise de documentos médicos é um dos domínios inovadores com um potencial de investigação notável. Trata-se da extração de informações novas e significativas a partir de uma enorme quantidade de documentos biomédicos associados. A quantidade substancial de texto biomédico constitui uma fonte confortável de conhecimentos para a investigação biomédica. A extração de texto permite extrair informações e conhecimentos de uma montanha de texto e é agora amplamente aplicada na investigação biomédica.

O progresso na recolha de dados e a quantidade crescente de documentos de texto não estruturados e não etiquetados levaram à necessidade de melhores técnicas de desambiguação e indexação. Tradicionalmente, as técnicas de agrupamento de documentos têm-se baseado em abordagens BOW e de frequência de termos para caraterizar e, subsequentemente, classificar documentos, considerando apenas a sintaxe do documento e sem ter em conta os aspectos semânticos. Para resolver este problema, é necessário investigar técnicas mais complexas de indexação e agrupamento. As associações semânticas entre as palavras e os diferentes graus de importância semântica dos termos devem ser considerados durante o processo de agrupamento. Isto permite a contextualização automática de documentos de texto.

A RI consiste em escolher, de um grupo de documentos, aqueles que provavelmente se adequam às necessidades de informação de um utilizador, expressas através de uma consulta. O objetivo da RI é fornecer aos utilizadores documentos que satisfaçam as suas necessidades. A recuperação de documentos envolve a indexação de documentos, a formulação de consultas, as representações de documentos e as representações de consultas. Os documentos que correspondem à representação são recolhidos pelo IRS. A transformação de um documento de texto não estruturado numa representação BOW é a compaixão da indexação de documentos. O principal objetivo da indexação de documentos é associar um documento a um descritor caracterizado por um conjunto de características atribuídas manualmente ou obtidas automaticamente a partir do seu conteúdo. De acordo com a IR, são utilizados os seguintes métodos para indexar os documentos de texto gerais e os documentos médicos e biomédicos.

- Abordagens baseadas em termos

- Abordagens baseadas em frases

* Abordagens baseadas em conceitos

2.1 ABORDAGENS BASEADAS EM TERMOS

Os IRS tradicionais baseiam-se na técnica bem conhecida de representação BOW, que transmite o facto de tanto os documentos como as consultas serem caracterizados como sacos de entidades lexicais, nomeadamente palavras-chave. Os pesos estão ligados às palavras-chave do documento ou da consulta (Buell & Kraft 1981; Bordogna & Pasi 1993) para indicar a sua importância no material em causa. O método de ponderação baseia-se geralmente em variações da bem conhecida fórmula *tf*idf* (Salton & Buckley 1988).

Sebastiani (2002) propõe uma abordagem de indexação convencional que suporta o Modelo de Espaço Vetorial (VSM), em que os documentos e as consultas são caracterizados como vectores ponderados de termos indexados, em que o tamanho dos vectores corresponde ao espaço de vocabulário. O peso de cada termo indexado dentro de cada documento indica a sua importância em termos de representação e poder discriminativo. Os documentos são recuperados utilizando a similaridade baseada numa métrica de distância cosseno ou euclidiana e podem ser aplicados algoritmos de pesquisa rápida para fazer corresponder os documentos a uma consulta.

Wei et al (2008) propuseram uma técnica de agrupamento de documentos multilingues baseada na indexação semântica latente (LSI) que utiliza a análise LSI para um corpus paralelo e constrói um espaço semântico multilingue. Assim, os documentos multilingues alvo a agrupar são mapeados neste espaço independente da língua, e uma técnica de agrupamento de documentos monolingues agrupa os documentos multilingues alvo. Os resultados da avaliação empírica mostram que a técnica proposta atinge uma eficácia de agrupamento satisfatória. A LSI tem sido utilizada com eficácia numa série de contextos biológicos, desde o agrupamento de conjuntos de genes até à visualização de dados de elevada dimensão (Han & Choi 2010).

Krishna & Bhavani (2010) desenvolveram uma abordagem eficaz de agrupamento de documentos com base em conjuntos de itens frequentes para uma redução significativa da dimensionalidade. O algoritmo Apriori é aplicado para descobrir os conjuntos de itens frequentes com diferentes comprimentos. Os conjuntos de itens frequentes extraídos são ordenados por ordem decrescente com base no seu nível de apoio para cada comprimento de conjunto de itens. Os conjuntos de itens frequentes extraídos são então explorados para encontrar a partição, onde os documentos são agrupados principalmente sem sobreposição.

Zhang et al (2010) efectuaram um estudo sobre técnicas de agrupamento de documentos que envolvem conjuntos de itens frequentes. Propuseram um modelo de Captura Máxima (MC) utilizando conjuntos de itens frequentes. Também desenvolveram um processo de normalização para MC utilizando a aprendizagem competitiva sensível à frequência para fundir os candidatos a agrupamento num número predefinido de agrupamentos. Os resultados da experiência mostram que, no agrupamento, o MC com similaridade binária assimétrica produz melhores resultados.

2.2 ABORDAGENS BASEADAS EM FRASES

Hammouda et al (2005) propuseram um algoritmo, nomeadamente o algoritmo CorePhrase, para a descoberta automática de tópicos num enorme conjunto de documentos de texto utilizando frases-chave. As características das frases, como a frequência dos documentos, a frequência média das frases, a profundidade média das frases e o peso médio das frases, são aplicadas para calcular uma pontuação para cada frase. Em seguida, os documentos de entrada são agrupados utilizando as frases frequentes partilhadas entre os documentos. A análise experimental mostra que o algoritmo CorePhrase consegue uma elevada precisão na identificação do tópico de um grupo de documentos.

Chim & Deng (2008) desenvolveram um método de similaridade de documentos baseado em frases para calcular as similaridades entre pares de documentos com base no modelo STD. O termo caraterístico único no modelo VSM é mapeado para cada nó do modelo STD. A semelhança de documentos baseada em frases é calculada a partir do STD, que herda naturalmente o esquema de ponderação *tf-idf*. Os resultados experimentais indicam que a nova abordagem de agrupamento é muito eficaz no agrupamento dos documentos.

Li et al (2008) propuseram um método designado por Clustering frequent word sequences (sequências de palavras frequentes) para responder aos vários requisitos especiais relacionados com a recuperação de texto. É construída uma árvore de sufixos generalizada utilizando as palavras frequentes em cada documento para facilitar a descoberta das sequências de palavras frequentes. De seguida, os documentos são agrupados utilizando um novo algoritmo baseado em sequências de significado de palavras frequentes. Os resultados mostram que o método proposto é utilizado para medir a proximidade entre documentos.

Subhadra et al (2012) desenvolveram um agrupamento híbrido de documentos baseado na distância com indexação de palavras-chave e frases que utiliza um método melhorado de indexação e substituição para frases de documentos. Utiliza o algoritmo convencional K-Means para medir a distância, mas apresenta um desempenho superior em termos de pureza devido ao mecanismo utilizado para medir a semelhança de conteúdos.

2.3 ABORDAGENS BASEADAS EM CONCEITOS

Baziz et al (2005) discutiram os dois problemas importantes relacionados com a utilização da semântica na RI. Também propuseram uma abordagem que representa o conteúdo dos documentos através da melhor rede semântica, denominada núcleo semântico do documento. Envolve a extração de conceitos através de termos mono e multipalavra de um documento, com base numa ontologia externa de uso geral, nomeadamente a WordNet. O segundo passo constrói a melhor rede semântica através de uma desambiguação global dos conceitos extraídos relativamente ao documento. Assim, os sentidos dos conceitos seleccionados representam os nós da rede semântica, enquanto os valores da medida de semelhança entre eles representam os arcos. Os sentidos dos conceitos pontuados resultantes são utilizados para a indexação concetual em IR.

Li & Wu (2006) apresentaram uma ferramenta de software denominada programa de identificação de frases-chave para identificar conceitos de tópicos de documentos médicos. Combina as funções de extração de frases nominais e de identificação de frases-chave. As funções de identificação de frases-chave atribuem pesos à extração de sintagmas nominais para um documento médico com base na sua importância para esse documento e na sua especificidade no domínio médico. Os resultados experimentais mostram que o extrator de sintagmas nominais é eficaz na identificação de sintagmas nominais de documentos médicos.

Lin et al (2007) apresentaram um sistema de extração de texto para o agrupamento automático de documentos e a classificação de citações MEDLINE utilizando consultas simples do PubMed. O esquema é utilizado para agrupar as citações recuperadas, classificar as citações em cada agrupamento e gerar um conjunto de palavras-chave e termos MeSH para identificar o tema comum de cada agrupamento.

Zhang et al (2008) apresentaram os efeitos de nove medidas de semelhança semântica com um método de reponderação de termos na agregação de documentos de conjuntos de documentos PubMed. Neste método, o método de reponderação de termos é introduzido para agrupar conjuntos de documentos PubMed e a sua eficácia é medida com nove medidas de semelhança semântica. Os resultados experimentais mostram que a indexação utilizando a ontologia MeSH reduz drasticamente a dimensão do espaço de agrupamento e a complexidade computacional.

Zhu et al (2009) propuseram um método híbrido baseado na ontologia MeSH para melhorar o desempenho do agrupamento de documentos. Esta abordagem proposta integra tanto a informação semântica incorporada no tesauro MeSH como a informação de conteúdo dos textos na matriz de similaridade integrada. Os documentos MEDLINE são agrupados utilizando o agrupamento espetral na matriz de semelhança integrada. Os resultados pragmáticos demonstram a eficiência do método proposto.

Shehata et al (2010) desenvolveram um modelo de extração baseado em conceitos para o agrupamento de documentos de texto. Neste modelo de extração proposto, o termo é analisado ao nível da frase, do documento e do corpus, em vez da análise tradicional apenas do documento. Este modelo de extração baseado em conceitos pode discriminar eficazmente entre termos não importantes no que diz respeito à semântica da frase e termos que contêm os conceitos que representam o significado da frase. Os resultados experimentais demonstram a extensa comparação entre a análise baseada em conceitos e a análise tradicional.

Khare & Jadhav (2010) propuseram um modelo de extração baseado em conceitos para melhorar a qualidade do agrupamento de textos. As relações entre verbos e os seus argumentos na mesma frase têm o potencial de analisar termos dentro de uma frase. Ao explorar a estrutura semântica das frases nos documentos, obtém-se um melhor resultado de agrupamento de textos.

Zhang & Wang (2010) propuseram um algoritmo de agrupamento baseado em ontologias com pesos de características para refletir a importância de diferentes características no documento de entrada. A ponderação das características na árvore ontológica é calculada de acordo com a relevância global da caraterística. As experiências mostram que o algoritmo de agrupamento baseado em ontologias com pesos de características faz um melhor trabalho na obtenção de conhecimento do domínio e um resultado mais preciso.

Fodeh et al (2011) desenvolveram um algoritmo de agrupamento incorporando o conhecimento semântico da ontologia no agrupamento de documentos. Este método é implementado para mostrar que a ontologia pode ser utilizada para reduzir significativamente o número de características necessárias para o agrupamento de documentos. É também demonstrado que os substantivos podem ser identificados de forma eficiente nos documentos e que este facto, por si só, proporciona uma melhor agregação que resolve os problemas devidos à sinonímia e à polissemia.

Tar & Nyaunt (2011) desenvolveram um sistema de agrupamento de texto baseado no peso do conceito, de acordo com os princípios da ontologia, para que a importância das palavras num agrupamento possa ser identificada utilizando os valores ponderados. O cálculo do peso do conceito inclui a informação sobre a frequência, o comprimento, a área específica e a pontuação do conceito. Os resultados experimentais mostram que o sistema de agrupamento pode melhorar a precisão e o desempenho dos documentos de texto utilizando os conceitos ponderados.

Drakshayani & Prasad (2012) propuseram um novo modelo para o agrupamento de documentos de texto utilizando a semântica. Este modelo combina a análise de frases e a análise de palavras com a utilização da WordNet como conhecimento de base e a NLP para explorar melhores formas de representação de documentos para a agregação. A análise baseada na semântica atribui pesos semânticos às palavras e frases do documento. Os novos pesos reflectem a relação semântica entre os termos dos documentos e captam a informação semântica nos documentos para melhorar o agrupamento de documentos Web.

Majdoubi et al (2012) desenvolveram um modelo de linguagem concetual utilizando o tesauro Mesh para representar o conteúdo semântico de artigos médicos. Também é proposta uma ferramenta para indexar artigos médicos denominada sistema de indexação biomédica que utiliza um modelo de linguagem para selecionar os melhores descritores representativos de cada documento.

Imambi et al (2013) desenvolveram uma abordagem de extração de texto para a extração de informação biomédica de documentos MEDLINE. Nesta abordagem, é proposto um esquema de peso relevante global baseado na probabilidade de relevância do termo para encontrar os termos de índice relevantes. A relevância dos termos é medida com a classificação de Bayes. O desempenho desta abordagem de extração de texto é avaliado utilizando os documentos recolhidos da literatura sobre diabetes da MEDLINE.

Boubekeur et al (2010) apresentaram uma abordagem de indexação baseada em conceitos. Os conceitos são primeiro extraídos da WordNet e depois ponderados através de uma nova medida da sua importância no documento. O cálculo do peso do conceito considera a frequência das ocorrências do conceito. A frequência de um conceito baseia-se nas suas ocorrências e nas ocorrências dos seus subconceitos no documento. Os resultados preliminares mostraram que a abordagem de identificação de conceitos proposta é mais eficaz do que uma abordagem clássica de indexação baseada em palavras-chave.

CAPÍTULO 3

INDEXAÇÃO BASEADA EM CONCEITOS PARA O AGRUPAMENTO DE DOCUMENTOS MÉDICOS

Com o rápido crescimento do conhecimento médico através da World Wide Web, os investigadores das ciências da vida confrontaram-se com um grande desafio - como explorar a relação semântica entre os conceitos representados por genes, doenças, etc., na literatura médica. A identificação automatizada de conceitos médicos é imperativa para a informática médica, como a documentação médica, a recuperação e a investigação de extração de texto. Ao contrário do método de pesquisa geral baseado em consultas, o agrupamento de documentos reúne automaticamente documentos altamente correlacionados em grupos.

3.1 INTRODUÇÃO

No agrupamento de documentos médicos, o conhecimento supremo facilita o aumento da qualidade do conhecimento extraído, para além da eficiência da extração. A MEDLINE, uma importante literatura médica aprovada pela biblioteca nacional de medicina dos EUA, é utilizada como fonte primária para gerar hipóteses científicas e novos conhecimentos a partir de documentos médicos (Huang et al 2011 & Noha et al 2013). A PubMed é uma das ferramentas de interface baseadas na Web mais amplamente utilizadas para aceder à base de dados MEDLINE através de consultas que são uma combinação de palavras-chave. A pesquisa tradicional de informação baseada em consultas é razoavelmente limitada para efetuar pesquisas de resumos biológicos. O método de pesquisa baseado em consultas pode ser adequado para pesquisas centradas no conteúdo. É necessário que o utilizador tenha conhecimentos sobre o assunto e possa escolher as palavras-chave para os itens de pesquisa.

Os dados médicos são frequentemente apresentados sob a forma de documentos de texto livre (Saad et al 2006). Incluem pormenores importantes sobre doentes, doenças e métodos de medicação. A interpretação dos resultados destes documentos não estruturados é mais difícil com as técnicas convencionais de extração de dados. A maior parte da terminologia no domínio da medicina é ambígua por natureza, porque as doenças inter-relacionadas têm sintomas semelhantes. A criação de novas técnicas para organizar uma grande quantidade de dados não estruturados em grupos mais pequenos e significativos torna-se um novo desafio para os investigadores da área médica sem adquirirem conhecimentos do domínio.

No agrupamento convencional baseado em termos, os termos são utilizados para distinguir os conceitos. Neste trabalho, é proposta uma nova abordagem de indexação baseada em conceitos e orientada para a ontologia para o agrupamento de documentos médicos. As principais etapas envolvidas são a extração de termos, a identificação de relações semânticas, o cálculo do peso dos termos, o cálculo do peso dos conceitos, a indexação baseada em conceitos e o agrupamento. O desempenho do método proposto baseado em ontologias é examinado com os métodos tradicionais LSI e agrupamento baseado em termos. O processo de agrupamento é medido no agrupamento rígido dos algoritmos K-Means e hierárquico e no agrupamento difuso do algoritmo FCM.

3.2 INDEXAÇÃO SEMÂNTICA LATENTE

Os métodos de indexação tradicionais, que se baseiam em medidas estatísticas que utilizam a informação sobre a frequência dos termos, não são capazes de produzir agrupamentos de boa qualidade. As abordagens *tf* existentes são incompetentes no reconhecimento da importância semântica das palavras. Os problemas de sinonímia e polissemia são os principais desafios enfrentados pelos métodos tradicionais de indexação baseados em tf no tratamento de documentos de texto não estruturados em domínios inter-relacionados.

O LSI aborda a sinonímia pelo facto de os sinónimos serem geralmente utilizados no mesmo contexto e, por conseguinte, é provável que os conceitos do LSI os contemplem (Chen et al 2013). Também lida com o problema da polissemia através do processo de redução da dimensionalidade. A utilização pouco frequente de uma determinada palavra é ignorada durante a redução da dimensionalidade.

O LSI é um método de indexação e recuperação que utiliza uma prática matemática chamada Decomposição do Valor Singular (SVD) para identificar padrões nas relações entre os termos e conceitos contidos numa coleção de texto não estruturado (Paulsen & Ramampiaro 2009). A técnica de redução da dimensionalidade do LSI melhora o desempenho das medidas de similaridade no agrupamento. A qualidade do agrupamento é melhorada devido à identificação de conceitos e ao tratamento de questões relacionadas com o tipo de relações semânticas de sinonímia e polissemia.

A agregação baseada em LSI tem um desempenho superior ao dos métodos de indexação tradicionais devido à sua natureza independente da língua, o que permite à LSI estimular o conteúdo semântico dos termos sem a necessidade de quaisquer estruturas auxiliares, como ontologias e thesauri. O primeiro passo do método LSI envolve a construção da matriz termo-documento *(M)* para os documentos do corpus. A SVD é efectuada como passo seguinte na matriz termo-documento. A SVD factoriza a matriz termo-documento M em três matrizes. A primeira matriz representa as entidades de linha originais como vectores de valores de factores ortogonais derivados e a segunda matriz expressa as entidades de coluna originais da mesma forma. A terceira matriz é uma matriz diagonal com valores de escala tais que, quando as três matrizes são multiplicadas, a matriz original é reconstruída (Chen et al 2013).

Embora o LSI seja uma técnica promissora para a agregação baseada em conceitos, sofre com as suas limitações. A desvantagem mais óbvia é a seleção dos k valores singulares de topo, o número de vectores da matriz termo-conceito U e da matriz conceito-documento V^T a manter. Um valor k elevado pode parecer vantajoso porque se comparam todos os documentos num maior número de conceitos, mas pode ser prejudicial devido ao ruído adicional. Por outro lado, um valor k baixo corre o risco de descartar conceitos cruciais e distintivos nos dados. Este problema pode ser melhorado, até certo ponto, optimizando a precisão e a recuperação do LSI com conhecimentos a priori (Dumais 2004; Kim et al 2007). Por último, o LSI utiliza o modelo BOW para converter um corpus na matriz termo-documento. Para ultrapassar as limitações do LSI, é proposta neste trabalho uma nova indexação baseada em conceitos, com o conhecimento do domínio como pano de fundo para a identificação e extração de conceitos.

3.3 INDEXAÇÃO DE CONCEITOS COM BASE EM ONTOLOGIAS

O agrupamento de documentos é considerado um mecanismo imperativo na era da explosão de informação em rápido desenvolvimento. É a prática de agrupar documentos de texto em grupos de categorias e tem encontrado aplicações em diversas áreas, como IR, web ou sistemas de dados empresariais.

A computação baseada em ontologias é promissora como uma realização natural das tecnologias existentes para lidar com o ataque de informações. A RI baseada em ontologias compara a relevância de uma consulta gerada pelo utilizador com uma fonte de conhecimento baseada em ontologias (Sridevi & Nagaveni 2012). No agrupamento de documentos médicos, as ontologias de domínio são utilizadas como conhecimento de base para a identificação de informações ocultas. As relações semânticas entre as palavras-chave são utilizadas para a IRS eficaz baseada em ontologias (Kang & Lee 2005). No agrupamento de documentos médicos, as ontologias de domínio, como o MeSH, servem de conhecimento de base para a identificação da informação oculta.

O VSM convencional é utilizado para registar a informação do peso conceito-documento. Este trabalho é proposto para agrupar os documentos PubMed utilizando a ontologia MeSH como extensão da base de conhecimentos. Esta abordagem inclui as seguintes operações para indexar os documentos com base nos conceitos da ontologia MeSH.

- Pré-processamento de documentos
- Mapeamento Ontológico para Análise de Conceitos
- Atribuição de pesos com base em relações semânticas
- Cálculo do peso do conceito

3.3.1 Pré-processamento de documentos

A entrada para o método de indexação proposto é a informação sobre a ontologia MeSH e um conjunto de documentos $D = \{d_1 , d2...d_n\}$ recolhidos de artigos da revista PubMed. Durante o pré-processamento, os documentos são tokenizados e as palavras de paragem são removidas.

3.3.2 Mapeamento Ontológico para Análise de Conceitos

Para cada termo de consulta, a hierarquia de conceitos é capturada a partir da ontologia MeSH. A Tabela 3.1 mostra os detalhes do descritor MeSH para a consulta de pesquisa "cancer" (cancro), que é um termo de entrada de Neoplasm (neoplasia). Nos dados do descritor MeSH, os termos de entrada representam os sinónimos do termo de consulta.

Quadro 3.1 Dados do descritor MeSH

National Library of Medicine – Medical Subject Headings 2015 MeSH	
MeSH Descriptor Data	
Return to Entry Page	
Standard View. Go to Concept View; Go to Expanded Concept View	
MeSH Heading	Neoplasms
Tree Number	C04
Annotation	general; prefer specifics; policy: see Manual Chapter 24; familial: consider also NEOPLASTIC SYNDROMES, HEREDITARY; metastatic cancer of unknown origin: index under NEOPLASM METASTASIS
Scope Note	New abnormal growth of tissue. Malignant neoplasms show a greater degree of anaplasia and have the properties of invasion and metastasis, compared to benign neoplasms.
Entry Term	Benign Neoplasms
Entry Term	Cancer
Entry Term	Neoplasia
Entry Term	Neoplasm
Entry Term	Neoplasms, Benign
Entry Term	Tumors
See Also	Antibodies, Neoplasm
See Also	Anticarcinogenic Agents
See Also	Carcinogens
Consider Also	consider also terms at CANCER, CARCINO-, ONCO-, and TUMOR
Allowable Qualifiers	BL BS CF CH CI CL CN CO DH DI DT EC EH EM EN EP ET GE HI IM ME MI MO NU PA PC PP PS PX RA RH RI RT SE SU TH UL UR US VE VI
Entry Version	NEOPL
Online Note	pre-explosion = NEOPLASMS (PX)
History Note	diagnosis was NEOPLASM DIAGNOSIS 1964-65; /etiology was NEOPLASM ETIOLOGY 1964-65; /immunology was NEOPLASM IMMUNOLOGY 1964-65; /radiotherapy was NEOPLASM RADIOTHERAPY 1964-65; /therapy was NEOPLASM THERAPY 1964-65; NEOPLASM STATISTICS was heading 1964-65; CARCINOGENESI was heading 1977
Entry Combination	Secondary Neoplasm Metastasis
Date of Entry	19990101

A Figura 3.1 mostra as hierarquias da árvore MeSH para a consulta de pesquisa "cancro". É utilizada para identificar os hiperligações, os merónimos e o conceito da consulta de pesquisa.

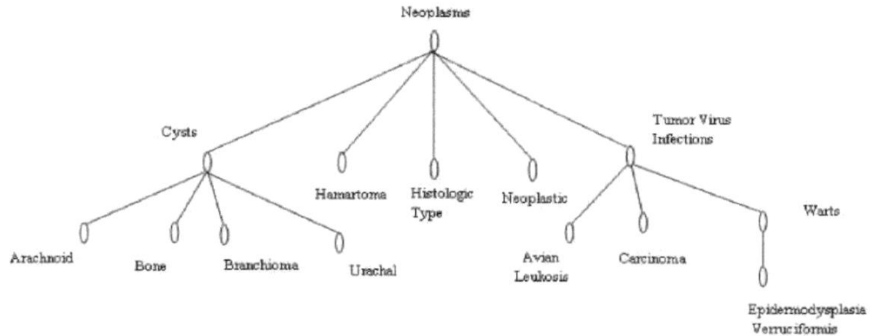

Figura 3.1 Hierarquias de árvores MeSH para o cancro

"Neoplasms" é o termo médico descritor de "cancro". Geralmente, os hiperónimos representam os antepassados de um termo, enquanto os merónimos representam os descendentes de um termo na hierarquia de conceitos. Como mostra a Figura 3.1, "Neoplasms" (Neoplasias) é o hiperónimo de "Cysts" (Quistos). Do mesmo modo, "Aracnoide", "Osso", "Branchimoa" e "Urachal" são os merónimos de "Quistos".

3.3.3 Atribuição de pesos com base em relações semânticas

Cada ficheiro de texto pode ser constituído por vários conceitos. Uma vez que os termos médicos são ambíguos por natureza, a atribuição de pesos é precedida nesta indexação de conceitos baseada em ontologias. A importância de um conceito num documento é determinada por quatro tipos de relações semânticas, nomeadamente identidade, sinonímia, hiperonímia e meronímia (Watrous-deVersterre et al., 2012). Entre as quatro relações semânticas, as relações de identidade e sinonímia têm igual contribuição para o cálculo do peso do conceito. Os hiperinónimos da consulta de pesquisa na hierarquia de conceitos são utilizados para representar termos mais gerais através da relação "Is-A".

Os merónimos da consulta de pesquisa são utilizados para representar os itens mais semanticamente relacionados através das relações "Part-of". Assim, no módulo de atribuição de pesos, os merónimos são atribuídos com valores de peso superiores aos dos hiperónimos (Girju et al 2006, Przepiorkowski & Ogrodniczuk 2014). A partir da literatura, confirma-se que os merónimos fornecem diferentes níveis de informação útil para a caraterização de documentos que contribuem para melhorar a precisão. Neste trabalho de investigação, os merónimos têm um peso mais elevado do que os hiperónimos no cálculo do peso do conceito e o peso varia de nível para nível.

Para cada consulta do utilizador, a hierarquia de conceitos é capturada a partir da ontologia

MeSH. Cada termo na hierarquia de conceitos é designado com os pesos iniciais indicados na Tabela 3.2, com base nas relações semânticas, nomeadamente, identidade, sinonímia, hiperonímia e meronímia.

Tabela 3.2 Relações semânticas com pesos iniciais

Relação semântica	Peso
Identidade	1.0
Sinónimo	1.0
Hiperónimo	0.7
Merónimo	0.8

O procedimento de atribuição de pesos é o seguinte: Inicialmente, é atribuído um peso de 0,8 ao primeiro termo merónimo no nível imediatamente inferior da consulta de pesquisa. A partir do nível seguinte, o valor é reduzido em 0,05 por cada nível sucessivo da hierarquia. Do mesmo modo, ao hiperónimo no primeiro nível é atribuído o peso inicial de 0,7, que é o nível imediatamente superior da consulta de pesquisa. Para os antepassados, o valor é reduzido em 0,1 por cada nível predecessor da hierarquia. As hierarquias de conceitos com a consulta de pesquisa são extraídas da ontologia MeSH.

Por exemplo, se o termo de pesquisa for "Warts" (verrugas), toda a hierarquia de "Warts" (verrugas) será extraída da ontologia MeSH. As hierarquias de conceitos que são extraídas da ontologia MeSH para "Warts" (verrugas) são as hierarquias de Neoplasias e Doenças Virais. A Figura 3.2 mostra a atribuição de pesos aos termos que são apresentados em cada hierarquia de conceitos. Os termos individuais nas hierarquias são mantidos numa base de dados, juntamente com as suas relações e a informação do peso correspondente.

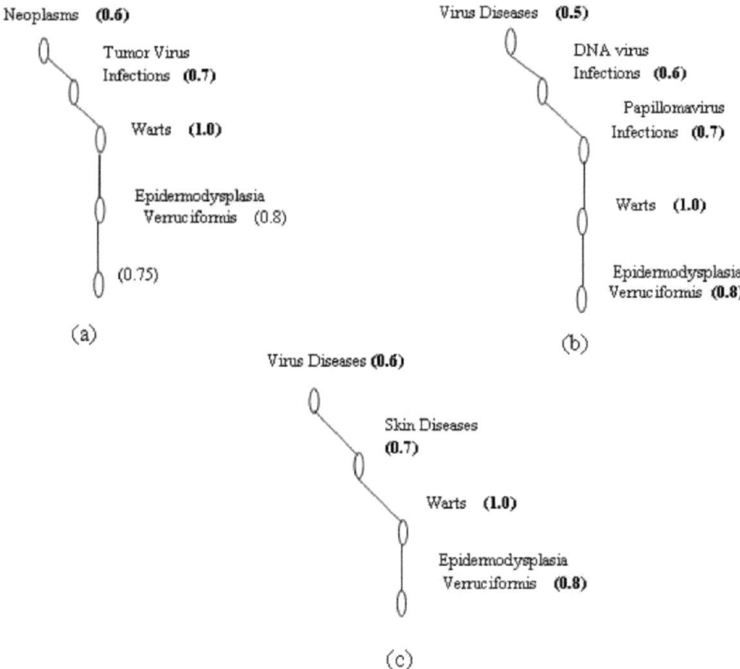

Figura 3.2 Hierarquias de conceitos com atribuição de pesos para "Warts" (verrugas)

3.3.4 Cálculo do peso do conceito

O peso de um conceito individual num determinado documento é calculado através da informação sobre a frequência e o peso dos termos semanticamente relacionados. Um documento pode conter vários conceitos. A importância dos conceitos representados por várias consultas de pesquisa é calculada como peso do conceito. O conceito com maior peso representa que o documento está semanticamente relacionado com o conceito. O VSM tradicional é utilizado para registar a informação sobre o peso conceito-documento, que é calculada utilizando a equação (3.1) para todos os documentos do corpus documental. O peso do conceito é calculado com base na frequência e na informação do peso de cada relação semântica.

$$W(C_i, d) = \sum_{j \in R} \sum_{i=1}^{n} \frac{freq_i^{(j)} \times weight_i}{n} \tag{3.1}$$

em que $W(C_i, d)$ é o peso do conceito no documento, $freq_i$ é a frequência do termo i no documento, $weight_i$ é o peso semântico atribuído ao termo i, n é o número de termos únicos no documento após a remoção das palavras de paragem e R é a relação semântica entre identidade, sinónimo, hiperónimo e merónimo.

O desempenho do método proposto é analisado comparando a informação do peso conceito-documento com a informação tradicional do peso *tf-idf*. Os valores *tf-idf* da consulta de pesquisa são calculados como w_{ij} para todos os documentos utilizando a Equação (3.2).

$$w_{ij} = tf_{ji} \times idf_{ji} = tf_{ji} \times \log_2 {N}/{df_{ji}} \tag{3.2}$$

Em que tf_{ji} é o número de ocorrências do termo i no documento j, df_{ji} é a frequência documental para o termo i na coleção de documentos e N é o número total de documentos na coleção. A indexação de conceitos baseada em ontologias aumenta o peso do conceito porque considera não só a palavra do conceito mas também todas as palavras que lhe estão associadas através das relações semânticas. O pseudocódigo para a indexação baseada em conceitos proposta é apresentado de seguida.

Pseudo-código para indexação baseada em conceitos

Entrada: Corpus de documentos do PubMed

Saída: Conceito - Informações sobre a ponderação do documento

Método:

Dado o conjunto de resumos e a consulta de pesquisa

1. Tokenizar o conteúdo dos documentos

2. Remover as palavras de paragem do texto

3. Para a indexação baseada em conceitos, faça:

a. Extrair o caminho completo da consulta de pesquisa

b. Atribuir os pesos iniciais para o hiperónimo imediato como 0,7 e para o merónimo como 0,8 do item de pesquisa.

c. Para os antepassados do hiperónimo, o valor é diminuído em 0,1 por cada nível predecessor da hierarquia

d. Para os merónimos subsequentes, o valor é reduzido em 0,05 para cada nível sucessivo da hierarquia

$$W(C_i, d) = \sum_{j \epsilon R} \sum_{i=1}^{n} \frac{freq_i^{(j)} \times weight_i}{n}$$

4. Registar a informação sobre o peso de cada conceito no VSM tradicional

3.4 ANÁLISE DOS RESULTADOS EXPERIMENTAIS

Este trabalho de investigação é experimentado e analisado com 2 conjuntos de dados diferentes, compostos por documentos relacionados com 10 doenças do repositório PubMed, e implementado em MATLAB versão 7.12. O desempenho da abordagem proposta é comparado com as técnicas de indexação tradicionais, como a indexação baseada em termos e a técnica de indexação LSI. Para efeitos experimentais, o número de clusters é definido como 5 e o número máximo de iterações do algoritmo é 10. A elevada dimensionalidade do corpus de documentos de entrada é reduzida pela etapa de pré-processamento. A Tabela 3.3 mostra o resultado do pré-processamento dos corpus de documentos.

Tabela 3.3 Resultados do pré-processamento

Conjunto de dados	Corpus	Número total de documentos	N.º total de termos após a Tokenização	N.º total de termos após a remoção das stop-word
Conjunto de dados 1	Neoplasia	100	17442	10045
	Doenças virais	100	10008	5836
	Doenças cardiovasculares	100	12542	6419
	Infeção ocular	100	11813	6551
	Doenças respiratórias	100	14864	5575
Conjunto de dados 2	Gota	450	42077	16917
	Icterícia	300	54967	31541
	Enxaqueca	350	49292	28228
	Otite	500	59943	36876
	Varicela	400	51569	27948

A Tabela 3.4 mostra a comparação entre o *tf-idf* tradicional e a informação sobre o peso dos conceitos para alguns documentos de amostra nos corpus de documentos.

Tabela 3.4 Comparação do *tf-idf* e do peso do conceito para alguns documentos de amostra

Conjunto de	Doc. Id	Termo/ Conceito	Termo	Conceito	Tf-idf	Conceito

dados			Frequência	Frequência		Peso
Conjunto de dados 1	C21	Cancro	5	28	0.3083	1.1444
	D19	Dengue	6	17	0.2749	0.4054
	H65	Cardiovascular	0	22	0.0000	0.6659
	E8	Conjuntivite	0	7	0.0000	0.2435
	A48	Asma	10	25	0.2853	0.5711
Conjunto de dados 2	G101	Gota	0	10	0.0000	0.2816
	J183	Icterícia	2	9	0.0124	0.2673
	M275	Enxaqueca	3	18	0.0427	0.4133
	O393	Otite	0	15	0.0000	0.3728
	Ch316	Varicela	2	24	0.0348	0.6144

A validação de clusters é um método para determinar um conjunto de clusters que melhor se adapta às partições naturais (número de clusters) sem qualquer informação sobre a classe. Esta avaliação confronta o agrupamento com as categorias em cada conjunto de dados, definindo o número de agrupamentos igual ao das categorias. Utiliza o K-Means e o grupo hierárquico de algoritmos de agrupamento para avaliação do desempenho.

O índice de validade interna, índice de silhueta, e o índice de validade externa, FMI, são utilizados para avaliar o número ideal de clusters e a qualidade dos clusters dos algoritmos de agrupamento rígido. Estas medidas de validade são avaliadas utilizando a distância euclidiana e o coeficiente de correlação de Pearson como medidas de semelhança. No FCM, a qualidade dos agregados é avaliada utilizando medidas de validade como o DBI, o índice de Dave e o índice de Bezdek.

3.4.1 Avaliação com base no índice de silhueta

O índice Silhouette é utilizado para validar o desempenho do agrupamento com base na diferença entre pares (Rousseeuw 1987). Além disso, o número ótimo de agrupamentos é determinado através da maximização do valor deste índice. A Figura 3.3 e a Figura 3.4 mostram o desempenho do índice de silhuetas com base na distância euclidiana para o conjunto de dados 1 e o conjunto de dados 2, respetivamente. Na Figura 3.3, o valor mais elevado do índice de silhuetas é 0,5864 para o conjunto de dados 1. Da mesma forma, na Figura 3.4, o valor mais elevado do índice de silhuetas é 0,5938 para o conjunto de dados 2. A partir dos resultados experimentais, observa-se que a indexação baseada em conceitos proposta tem um desempenho melhor do que os métodos tradicionais de indexação baseados em termos e em LSI a partir do tamanho de agrupamento 3. Relativamente à indexação baseada em conceitos proposta, o K-Means tem um bom desempenho em comparação com o outro grupo hierárquico de algoritmos, independentemente do tamanho do agrupamento.

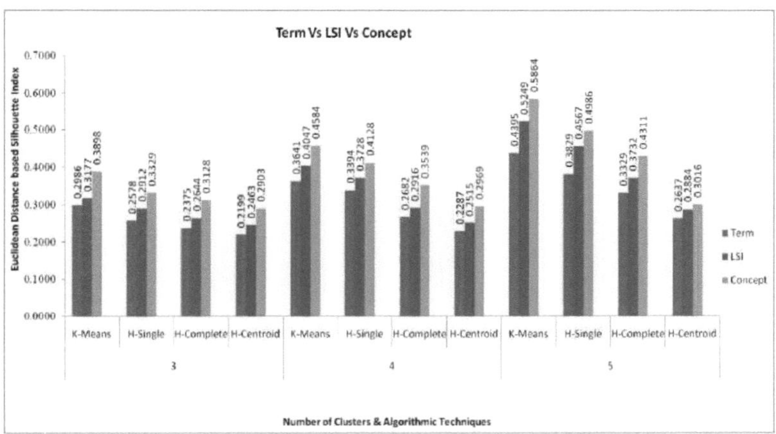

Figura 3.3 Comparação do índice de silhueta para a indexação baseada em termos versus LSI versus conceito utilizando a medida de distância euclidiana para o conjunto de dados 1

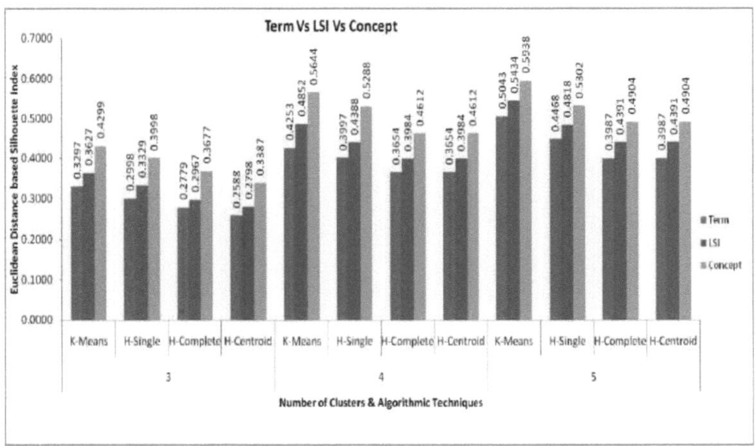

Figura 3.4 Comparação do índice de silhueta para a indexação baseada em termos versus LSI versus conceito utilizando a medida de distância euclidiana para o conjunto de dados 2

A Figura 3.5 e a Figura 3.6 mostram o desempenho do índice de silhuetas com base no coeficiente de correlação de Pearson para o conjunto de dados 1 e o conjunto de dados 2, respetivamente. O valor máximo do índice de silhuetas é 0,6988 para o conjunto de dados 1. Já para o conjunto de dados 2, o valor máximo do índice de silhuetas é de 0,6874. Observa-se, a partir das comparações, que o algoritmo de agrupamento K-Means produz agrupamentos consistentemente eficazes para a indexação baseada em conceitos proposta do que os algoritmos hierárquicos.

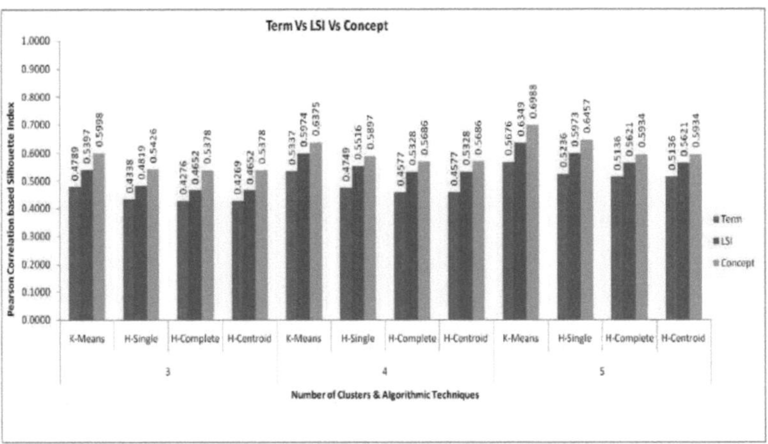

Figura 3.5 Comparação do índice de silhueta para a indexação baseada em termos Vs LSI Vs conceito utilizando o coeficiente de correlação de Pearson para o conjunto de dados 1

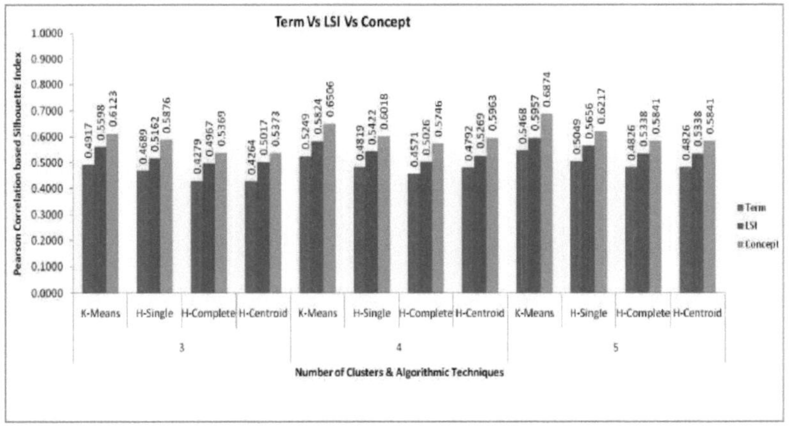

Figura 3.6 Comparação do índice de silhueta para a indexação baseada em termos Vs LSI Vs conceito utilizando o coeficiente de correlação de Pearson para o conjunto de dados 2

3.4.2 Avaliação com base no FMI

O FMI é utilizado para medir o desempenho do agrupamento com base em critérios externos. Baseia-se na abordagem por pares para calcular *TP, TN, FP* e *FN*. Na perspetiva da RI, esta medida pode ser reconhecida como a média geométrica da precisão e da recuperação.

As figuras 3.7 e 3.8 mostram a comparação do desempenho entre a indexação baseada em conceitos proposta e as técnicas tradicionais de indexação BOW, como os métodos baseados em termos e LSI. A comparação é efectuada utilizando o índice de validade externa, nomeadamente o FMI para o conjunto de dados 1 e o conjunto de dados 2 com a distância euclidiana como medida de semelhança. Mostra-se que a indexação baseada em conceitos proposta compete favoravelmente com todos os métodos de indexação tradicionais. Na indexação baseada em conceitos, o método K-Means produz agrupamentos de melhor qualidade, com o valor máximo do índice de 0,6978 e 0,6988 para o conjunto de dados 1 e 2, respetivamente.

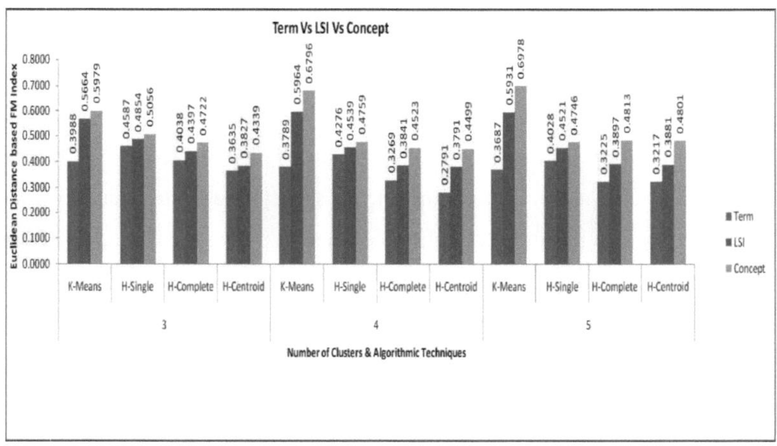

Figura 3.7 Comparação de FMI para Term Vs LSI Vs Indexação baseada em conceitos utilizando a medida de distância euclidiana para o conjunto de dados 1

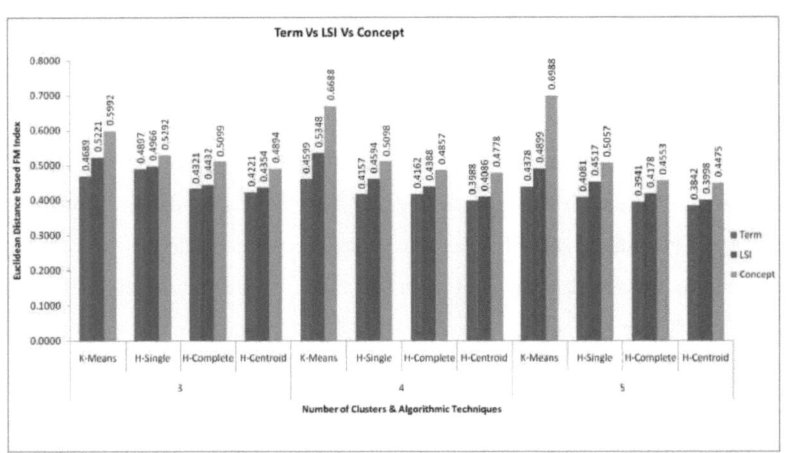

Figura 3.8 Comparação de FMI para Term Vs LSI Vs Indexação baseada em conceitos utilizando a medida de distância euclidiana para o conjunto de dados 2

A Figura 3.9 e a Figura 3.10 mostram a comparação do desempenho entre a indexação baseada em conceitos proposta e os métodos tradicionais de indexação BOW para o conjunto de dados 1 e 2, respetivamente. Estas comparações são efectuadas utilizando o FMI como índice de validade e o coeficiente de correlação de Pearson como medida de semelhança. Os resultados da agregação reflectem que a indexação baseada em conceitos proposta fornece agregados de boa qualidade do que os métodos tradicionais que utilizam a informação *tf-idf* para a indexação. Com base nestes resultados, pode concluir-se que o método hierárquico de ligação simples produz agrupamentos de boa qualidade, independentemente da dimensão do agrupamento. A qualidade do processo de agrupamento reflecte-se nos valores máximos de FMI de 0,6998 e 0,6919 obtidos para o conjunto de dados 1 e 2, respetivamente.

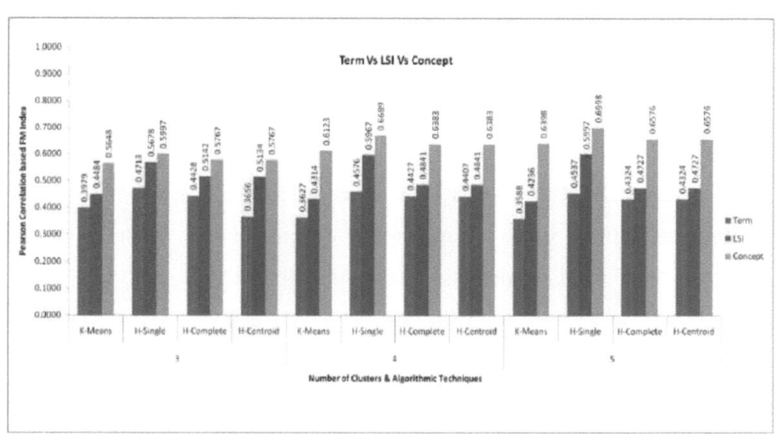

Figura 3.9 Comparação de FMI para Term Vs LSI Vs Concept Based Indexing utilizando o Coeficiente de Correlação de Pearson para o Conjunto de Dados 1

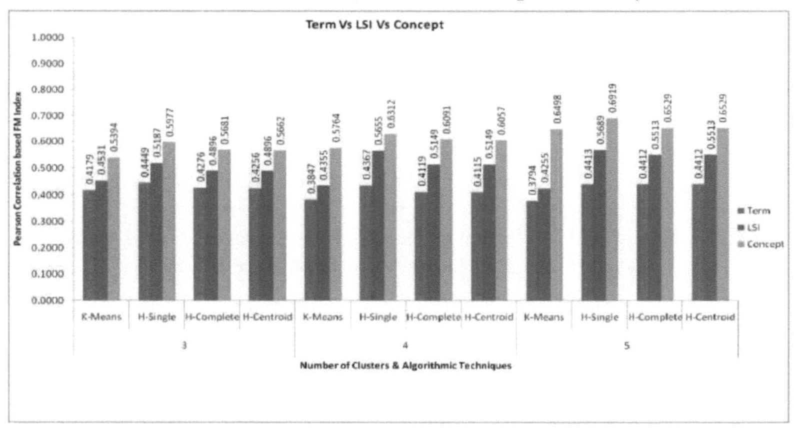

Figura 3.10 Comparação de FMI para Term Vs LSI Vs Concept Based Indexing utilizando o Coeficiente de Correlação de Pearson para o Conjunto de Dados 2

3.4.3 Avaliação com base no índice de Bezdek

O índice de Bezdek é utilizado para medir a imprecisão da partição, mas sem considerar o conjunto de dados em si. Trata-se de uma medida heurística, uma vez que não tem qualquer relação com as características dos dados. A qualidade do agrupamento é quantificada com o índice de Bezdek dos agrupamentos resultantes, porque é uma medida de desempenho baseada na minimização do conteúdo global da intersecção fuzzy par a par em U, a matriz de partição. Os valores mais elevados deste índice significam uma boa partição.

A Figura 3.11 e a Figura 3.12 mostram o desempenho do índice de Bezdek para a indexação

41

baseada em conceitos proposta e para os métodos tradicionais de indexação BOW, aplicando o algoritmo FCM ao conjunto de dados 1 e ao conjunto de dados 2, respetivamente. A partir destas comparações, observa-se que a indexação baseada em conceitos proposta é consistentemente mais eficaz do que os métodos tradicionais de indexação baseados em BOW. Os valores máximos do índice de Bezdek são 0,53 e 0,56 para o conjunto de dados 1 e 2, respetivamente, obtidos para o tamanho ótimo de agrupamento 5, que são as categorias exactas no corpus de documentos recolhido do repositório PubMed.

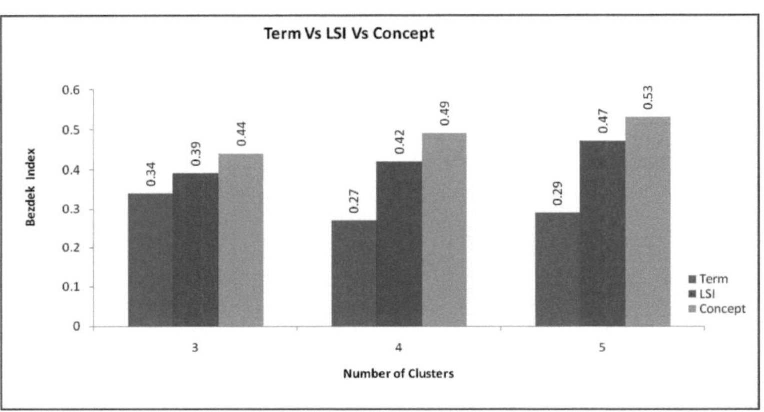

Figura 3.11 Comparação do índice de Bezdek para o termo Vs LSI Vs Indexação baseada no conceito para o conjunto de dados 1

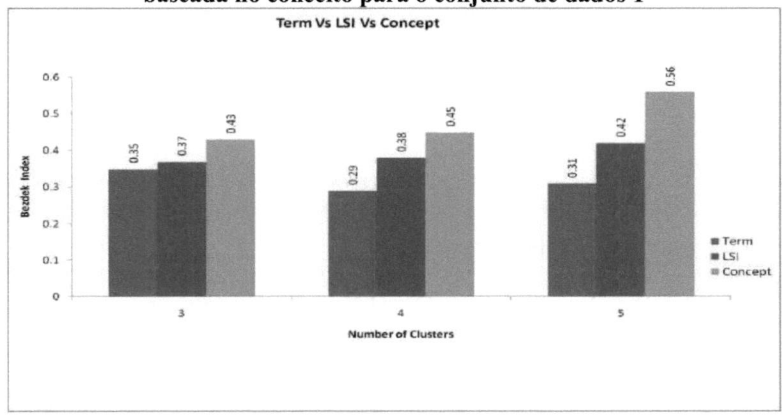

Figura 3.12 Comparação do índice de Bezdek para o termo Vs LSI Vs Indexação baseada no conceito para o conjunto de dados 2

3.4.4 Avaliação com base no Índice de Validade de Dave

O índice de validade de Dave é uma modificação do índice PC, que pode diminuir a afinidade monotónica dos clusters resultantes. Um número ótimo de clusters é encontrado através da melhoria do MPC para criar um melhor desempenho de clustering para um conjunto de dados.

A Figura 3.13 e a Figura 3.14 mostram a comparação do desempenho da indexação baseada em conceitos proposta e dos métodos tradicionais de indexação BOW utilizando o índice de validade de Dave para o conjunto de dados 1 e 2, respetivamente. Os resultados mostram que a indexação baseada em conceitos proposta consegue identificar o número correto de clusters tanto no conjunto de dados 1 como no conjunto de dados 2. Os valores máximos do índice de Dave no conjunto de dados 1 e no conjunto de dados 2 são 0,43 e 0,45, respetivamente, obtidos com a indexação baseada em conceitos proposta.

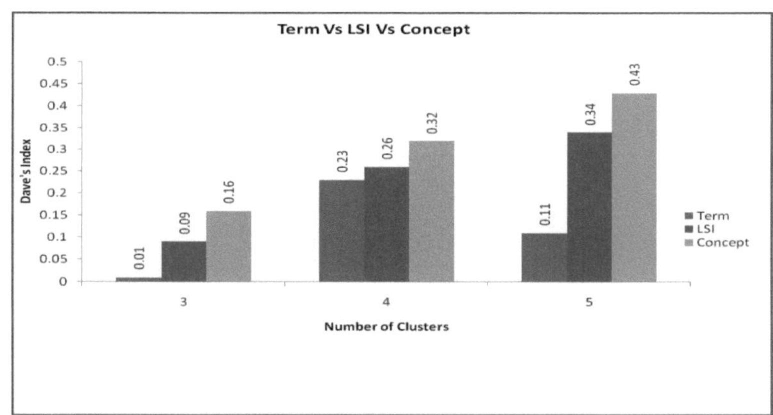

Figura 3.13 Comparação do índice de Dave para termo Vs LSI Vs Indexação baseada em conceito para o conjunto de dados 1

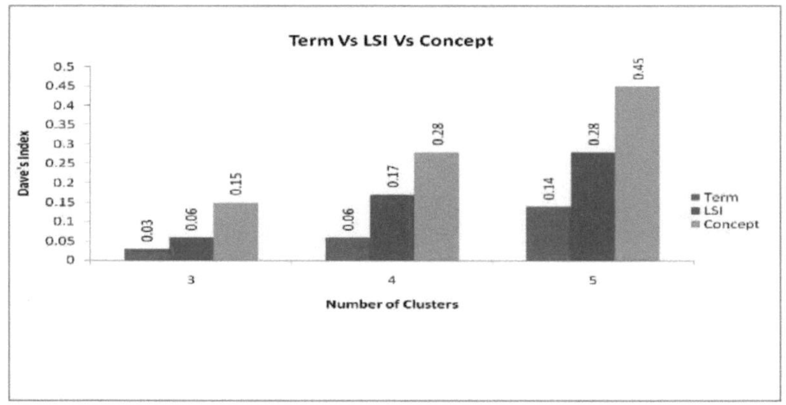

Figura 3.14 Comparação do índice de Dave para termo Vs LSI Vs Indexação baseada em conceito para o conjunto de dados 2

3.4.5 Avaliação com base no DBI

O desempenho do método de indexação baseado em conceitos proposto é também analisado utilizando o algoritmo de agrupamento difuso, FCM. O DBI é utilizado como medida de validade para avaliar a qualidade do processo de agrupamento no agrupamento difuso.

A Figura 3.15 e a Figura 3.16 mostram a comparação do DBI para a indexação baseada em conceitos proposta e os métodos tradicionais de indexação BOW para o conjunto de dados 1 e 2, respetivamente. Observa-se nas comparações que o DBI diminui gradualmente à medida que o número de agregados aumenta para obter melhores resultados de agregação até atingir o seu valor mais baixo de 0,62 e 0,67 para o conjunto de dados 1 e o conjunto de dados 2. Estas comparações mostram que os valores de DBI se aproximam de um valor mais baixo para o tamanho de agrupamento 5 em ambos os conjuntos de dados.

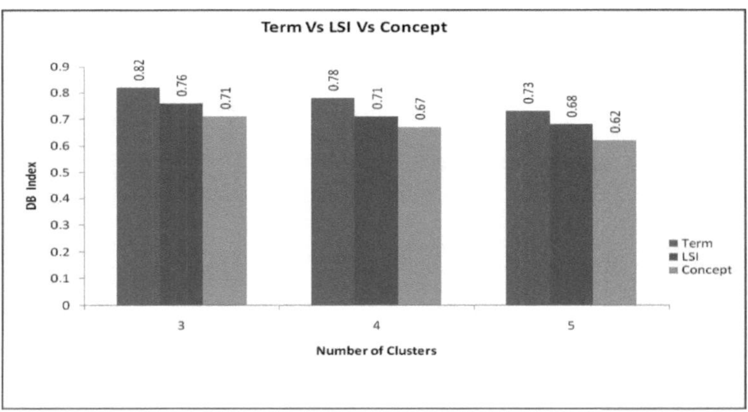

Figura 3.15 Comparação de DBI para Termo Vs LSI Vs Indexação baseada em Conceito para o Conjunto de Dados 1

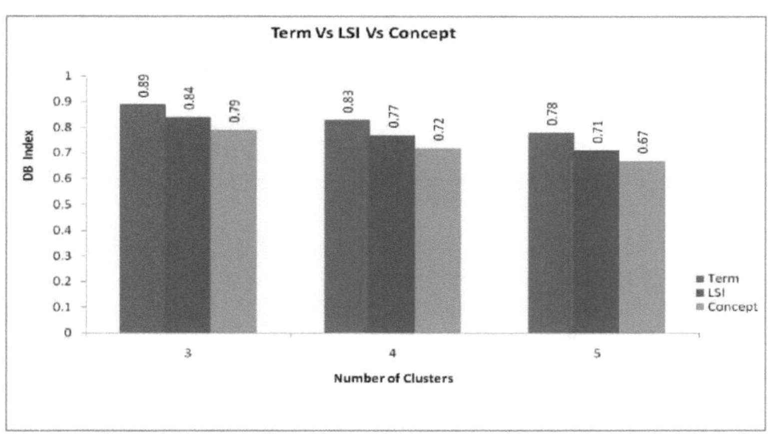

Figura 3.16 Comparação de DBI para Termo Vs LSI Vs Indexação baseada em Conceito para o Conjunto de Dados 2

3.5 CONCLUSÃO

Este capítulo examina os problemas fundamentais dos métodos tradicionais de indexação BOW na agregação de documentos médicos. Os problemas devidos à semântica subjacente aos documentos de texto são abordados pelo novo método de indexação baseado em conceitos. Este método é proposto e implementado para melhorar a qualidade dos agrupamentos produzidos durante o processo de agrupamento. Neste trabalho, o conteúdo do documento é mapeado para conceitos que exploram a ontologia MeSH. Neste método, a importância dos conceitos nos documentos é identificada com um novo procedimento de ponderação que se baseia nas relações semânticas entre as palavras nos documentos. O esquema de ponderação considera as relações de identidade, sinonímia, hiperonímia e meronímia.

O desempenho do método proposto é avaliado utilizando os documentos recolhidos do repositório PubMed. O índice de silhueta, FMI, índice de Bezdek, índice de Dave e DBI são as medidas de desempenho envolvidas neste trabalho para avaliar o desempenho desta indexação baseada em conceitos. Os resultados comparativos obtidos a partir das experiências ilustram que a indexação baseada em conceitos proposta é persistentemente mais eficaz do que os métodos tradicionais de indexação BOW, quando combinada com métodos de agrupamento hard e fuzzy.

REFERÊNCIAS

1. Adriani, M & Croft, WB 1997, 'Retrieval effectiveness of various indexing techniques on Indonesian news articles', Relatório Técnico do CIIR, IR-169, Universidade de Massachusetts, Amherst, pp.1-7.

2. Baeza-Yates, R & Ribeiro-Neto, B 1999, Modern Information Retrieval, vol.463, ACM press, New York.

3. Barresi, S, Nefti, SC & Rezgui, Y 2008, 'A concept based indexing approach for document clustering', Actas da Conferência Internacional do IEEE sobre Computação Semântica, pp. 26-33.

4. Baziz, M, Boughanem, M & Traboulsi, S 2005, 'A concept-based approach for indexing documents in IR', In INFORSID, pp. 489-504.

5. Bezdek, JC, Ehrlich, R, & Full, W 1984, 'FCM: The fuzzy c-means clustering algorithm', Computers & Geosciences, vol.10, no.2, pp.191-203.

6. Boubekeur, F & Azzoug, W 2013, 'Concept-based indexing in text information retrieval', International Journal of Computer Science & Information Technology (IJCSIT), vol. 5, no.1, pp. 119-136.

7. Boubekeur, F, Boughanem, M, Tamine, L & Daoud, M 2010,' Using WordNet for Concept-based document indexing in information retrieval', in SEMAPRO 2010: proceedings of fourth International conference on Advances in Semantic Processing, pp. 151-157.

8. Buell, DA & Kraft, DH 1981, ' A model for a weighted retrieval system', Journal of the American Society for Information Science, vol.32, no.3, pp. 211-216.

9. Chen, G, Jaradat, SA, Banerjee, N, Tanaka, TS, Ko, MS & Zhang, MQ 2002, 'Evaluation and comparison of clustering algorithms in analyzing ES cell gene expression data', Statistica Sinica, vol.12, no.1, pp. 241-262.

10. Chen, H, Martin, B, Daimon, CM & Maudsley, S 2013, ' Effective use of latent semantic indexing and computational linguistics in biological and biomedical applications', Frontiers in physiology, vol.4, no.8, pp.1-6.

11. Chen, JN & Chang, J S 1998, ' Topical clustering of MRD senses based on information retrieval techniques', Computational Linguistics, vol.24, no.1, pp. 6195.

12. Chim, H & Deng, X 2008, 'Efficient phrase-based document similarity for clustering', IEEE Transactions on Knowledge and Data Engineering, vol. 20, no.9, pp.1217-1229.

13. Davies, DL & Bouldin, DW 1979, ' A cluster separation measure', IEEE Transactions on Pattern Analysis and Machine Intelligence, vol.1, no.2, pp. 224227.

14. Dimitriadou, E, Dolnicar, S & Weingessel, A 2002, ' An examination of indexes for determining the number of clusters in binary data sets', Psychometrika, vol.67, no.1, pp.137-159.

15. Ding, J. (2006). Melhoria do agrupamento de texto para análise funcional de genes. Tese de doutoramento, Universidade Estatal de Iowa.

16. Dinh, D, Tamine, L & Boubekeur, F 2013, 'Factors affecting the effectiveness of biomedical document indexing and retrieval based on terminologies', Artificial intelligence in medicine, vol.57, no.2, pp. 155-167.

17.   Drakshayani, B & Prasad, EV 2012, ' Text Document Clustering based on Semantics', International Journal of Computer Applications, vol.45, no.4, pp.7-12.

18.   Dumais, ST 2004, ' Latent semantic analysis', Annual review of information science and technology, vol.38, no.1, pp. 188-230.

19.   Fodeh, S, Punch, B & Tan, PN 2011, ' On ontology-driven document clustering using core semantic features', Knowledge and information systems, vol.28, no.2, pp.395-421.

20.   Funk, ME & Reid, CA 1983, 'Indexing consistency in MEDLINE', Bulletin of the Medical Library Association, vol.71, no.2, 176-183.

21.   Girju, R, Badulescu, A & Moldovan, D 2006, 'Automatic discovery of part-whole relations', Computational Linguistics, vol.32, no.1,pp. 83-135.

22.   Gomez, JM, Cortizo, JC, Puertas, E & Ruiz, M 2004, 'Concept indexing for automated text categorization', Natural Language Processing and Information Systems Springer Berlin Heidelberg, pp. 195-206.

23.   Gyorodi, C, Gyorodi, R, Pecherle, G & Cornea, GM 2006, ' Full-text search engine using mySQL', International Journal of Computers, Communications & Control, vol.5, no. 5, pp. 735-743.

24.   Hammouda, KM, Matute, DN & Kamel, MS 2005, 'Corephrase: Keyphrase extraction for document clustering", Machine Learning and Data Mining in Pattern Recognition, Springer Berlin Heidelberg , pp. 265-274.

25.   Hammouda, KM & Kamel, MS 2004, 'Efficient phrase-based document indexing for web document clustering', IEEE Transactions on Knowledge and Data Engineering, vol. 16, no.10, pp. 1279-1296.

26.   Hamzah, A, Susanto, A & Soesianto, F 2007, "Concept-based text document clustering", Actas da Conferência Internacional sobre Engenharia Eléctrica e Informática, Indonésia, pp.17-19.

27.   Han, C & Choi, J 2010, ' Effect of Latent Semantic Indexing for Clustering Clinical Documents', actas da IEEE/ACIS nona conferência internacional sobre informática e ciências da informação (ICIS), pp. 561-566.

28.   Han, J, Kamber, M & Pei, J 2012, Data mining: Concepts and techniques, Morgan Kaufmann.

29.   Hersh, W 2008, Information Retrieval: A Health and Biomedical Perspective: A Health and Biomedical Perspective, Springer Science & Business Media.

30.   Huang, A 2008, "Similarity measures for text document clustering", Actas da sexta conferência de estudantes de investigação em ciências informáticas da Nova Zelândia (NZCSRSC2008), Christchurch, Nova Zelândia, pp. 49-56.

31.   Huang, X, Zheng, X, Yuan, W, Wang, F & Zhu, S 2011, ' Enhanced clustering of biomedical documents using ensemble non-negative matrix factorization', Information Sciences, vol.181, no.11, pp.2293-2302.

32.   Imambi, SS & Sudha, T 2013, 'Extraction of biomedical information from MEDLINE documents - A text mining approach' , International journal of Science, Environment and Technology, vol.2, no.2, pp. 267-274.

33.   Jain, AK & Maheshwari, S 2013, 'Phrase based clustering scheme of Suffix Tree

Document Clustering Model', International Journal of Computer Applications, vol. 63, no.10, pp. 30-38.

34.   Jin, R, Chai, JY & Si, L 2005, ' Learn to weight terms in information retrieval using category information', actas da 22ª conferência internacional sobre aprendizagem de máquinas, ACM, pp. 353-360.

35.   Kang, BY & Lee, SJ 2005, 'Document indexing: a concept-based approach to term weight estimation', Information processing & management, vol.41, no.5, pp.1065-1080.

36.   Khare, A & Jadhav, AN 2010, 'An efficient concept-based mining model for enhancing text clustering', International Journal of Advanced Engineering Technology, vol.2, no.4, pp.196-201.

37.   Kim, H, Park, H & Drake, BL 2007, 'Extracting unrecognized gene relationships from the biomedical literature via matrix factorizations', BMC bioinformatics, vol.8, no.9, pp.1-11.

38.   Kiryakov, A, Popov, B, Terziev, I, Manov, D & Ognyanoff, D 2004, 'Semantic annotation, indexing, and retrieval', Web Semantics: Science, Services and Agents on the World Wide Web, vol.2, no.1, pp.49-79.

39.   Krishna, SM & Bhavani, SD 2010, 'An efficient approach for text clustering based on frequent itemsets' , European Journal of Scientific Research, vol.42, no.3, pp.399-410.

40.   Laxman, B & Sujatha, D 2013, 'Improved method for pattern discovery in text mining', International Journal of Research in Engineering and Technology, vol. 02, no.10, pp.574-578.

41.   Li, Y, Chung, SM & Holt, JD 2008, ' Text document clustering based on frequent word meaning sequences', Data and Knowledge Engineering, vol.64, no.1, pp.381-404.

42.   Lin, YS, Jiang, JY & Lee, SJ 2013, 'A similarity measure for text classification and clustering', IEEE Transactions on Knowledge and Data Engineering, vol.26, no.7, pp.1-15.

43.   Lin, Y, Li, W, Chen, K & Liu, Y 2007, 'A document clustering and ranking system for exploring MEDLINE citations' , Journal of the American Medical Informatics Association, vol.14, no.5, pp.651-661.

44.   Majdoubi, J, Louki, H, Tmar, M & Gargouri, F 2012, 'Biomedical indexing and retrieval system based on language modeling approach', International Journal of Software Engineering & Applications, vol.3, no.3, pp.61-80.

45.   Manning, CD, Raghavan, P & Schutze, H 2008, Introduction to information retrieval, Cambridge: Cambridge University Press.

46.   Momin, BF, Kulkarni, PJ & Chaudhari, A 2006, "Web document clustering using Document Index Graph", Actas da Conferência Internacional do IEEE sobre Computação e Comunicações Avançadas, pp. 32-37.

47.   Nesic, S, Crestani, F, Jazayeri, M & Gasevic, D 2010, 'Concept-based semantic annotation, indexing and retrieval of office-like document units', Proceedings of RIAO'10 Adaptivity, Personalization and Fusion of Heterogeneous Information, pp. 134-135.

48.   Noha E Negml, Passent ElKafrawy, Mohamed Amin & Abdel-Badeeh M Salem 2013, 'KMDC: Knowledge based medical document clustering system using association rules mining', International journal of Bio-Medical Informatics and eHealth, vol.1, no. 2, pp.26-34.

49.   Oikonomakou, N & Vazirgiannis, M 2005, 'A review of web document clustering approaches', Data mining and knowledge discovery handbook, Springer US, pp. 921-943.

50.   Paulsen, JR & Ramampiaro, H 2009, 'Combining latent semantic indexing and clustering to retrieve and clustering biomedical information: A 2-step approach", actas da conferência NorskInformatikonferanse (NIK), pp.1-11.

51.   Pipanmaekaporn, L & Li, Y 2012, 'A pattern discovery model for effective text mining', Machine Learning and Data Mining in Pattern Recognition, Springer Berlin Heidelberg, pp. 540-554.

52.   Plaza, L, Jimeno-Yepes, AJ, Diaz, A & Aronson, AR 2011, 'Studying the correlation between different word sense disambiguation methods and summarization effectiveness in biomedical texts', BMC bioinformatics, vol.12, no.1, pp.355.

53.   Przepiorkowski, A & Ogrodniczuk, M 2014, 'Advances in Natural Language Processing', Proceedings of the ninth International conference on NLP, PolTAL, Varsóvia, Polónia, vol. 8686.

54.   Robertson, SE, Van Rijsbergen, CJ & Porter, MF 1980, 'Probabilistic models of indexing and searching', Actas da terceira conferência anual da ACM sobre Investigação e desenvolvimento em recuperação de informação, Butterworth & Co., pp. 35-56.

55.   Rousseeuw, PJ 1987, 'Silhouettes: a graphical aid to the interpretation and validation of cluster analysis', Journal of computational and applied mathematics, vol. 20, pp.53-65.

56.   Saad, FH, de la Iglesia, B & Bell, DG 2006, 'A Comparison of Two Document Clustering Approaches for Clustering Medical Documents', proceedings of DMIN, pp. 425-431.

57.   Saini, G & Kaur, K 2014, 'Regionalization as spatial data mining problem based on clustering: review', International Journal of Computer Engineering and Applications, vol.6, no.2, pp. 163-173.

58.   Salton, G & Buckley, C 1988, 'Term-weighting approaches in automatic text retrieval', International Journal of Information processing & management, vol. 24, no. 5, pp. 513-523.

59.   Salton, G & McGill, MJ 1983, 'Introduction to modern information retrieval', McGraw-Hill Book Co., Nova Iorque.

60.   Sebastiani, F 2002, 'Machine learning in automated text categorization', ACM computing surveys (CSUR), vol.34, no.1, pp. 1- 47.

61.   Sharma, R & Raman, S 2003, "Phrase-based text representation for managing the web documents", Actas da Conferência Internacional do IEEE sobre Tecnologia da Informação: Coding and Computing, pp. 165-169.

62.   Shehata, S, Karray, F & Kamel, MS 2010, 'An efficient concept-based mining model for enhancing text clustering', IEEE Transactions on Knowledge and Data Engineering, vol. 22, no.10, pp.1360-1371.

63.   Sridevi, UK & Nagaveni, N 2012, 'An ontology based model for document clustering', Organizational Efficiency through Intelligent Information Technologies, pp.200-216.

64.   Subhadra, K, Shashi, M & Ap, V 2012, 'Hybrid Distance Based Document Clustering with Keyword and Phrase Indexing', International Journal of Computer Science Issues (IJCSI), vol.9, no.2, pp. 345-350.

65.   Tar, HH & Nyaunt, TTS 2011, 'Enhancing traditional text documents clustering based on Ontology', International Journal of Computer Applications, vol.33, no.10, pp. 38-42.

66.	Teknomo, K. (2009). Tutorial de agrupamento hierárquico.

67.	Trappey, AJ, Trappey, CV, Hsu, FC & Hsiao, D 2009, 'A fuzzy ontological knowledge document clustering methodology', IEEE Transactions on Systems, Man, and Cybernetics, Part B: Cybernetics, vol. 39, no.3, pp.806-814.

68.	Umajancy S & Thanamani, AS 2013, 'An analysis on text mining -text retrieval and text extraction', International Journal of Advanced Research in Computer and Communication Engineering, vol. 2, no. 8, pp. 3125-3129.

69.	Watrous-deVersterre, L, Wang, C & Song, M 2012, 'Concept chaining utilizing meronyms in text characterization', Proceedings of the twelfth ACM/IEEE-CS joint conference on Digital Libraries, ACM, pp. 241-248.

70.	Wei, CP, Yang, CC & Lin, CM 2008, 'A Latent Semantic Indexing-based approach to multilingual document clustering', Decision Support Systems, vol.45, no.3, pp. 606-620.

71.	Wong, SKM, Ziarko, W & Wong PCN 1985, 'Generalized vetor space model in information retrieval', Proceedings of eighth Annual International ACM SIGIR conference on Research and Development in Information Retrieval, New York, pp. 18-25.

72.	Yang, R, Zhu, Q & Xia, Y 2011, 'A novel weighted phrase-based similarity for web documents clustering', Journal of Software, vol.6, no.8, pp.1521-1528.

73.	Zhang, L & Wang, Z 2010, 'Ontology-based clustering algorithm with feature weights', Journal of Computational Information Systems, vol.6, no.9, pp. 29592966.

74.	Zhang, X, Jing, L, Hu, X, Ng, M, Xia, J & Zhou, X 2008, 'Medical document clustering using ontology-based term similarity measures', International Journal of Data Warehousing and Mining, vol.4, no.3, pp. 62-73.

75.	Zhu, S, Zeng, J & Mamitsuka, H 2009, 'Enhancing MEDLINE document clustering by incorporating MeSH semantic similarity', Bioinformatics, vol.25, no.15, pp. 1944-1951.

Printed by Books on Demand GmbH, Norderstedt / Germany